"十三五"高职高专会计专业精品系列规划教材

Excel 在财务管理中的应用

主　编　凌鉴宇
副主编　蒋冰丹　高　婧　龚姝婷
　　　　毛金芬　陈莉銮

图书在版编目(CIP)数据

Excel 在财务管理中的应用／凌鉴宇主编. —苏州：苏州大学出版社,2020.8(2024.1重印)
"十三五"高职高专会计专业精品系列规划教材
ISBN 978-7-5672-3233-4

Ⅰ.①E… Ⅱ.①凌… Ⅲ.①表处理软件-应用-财务管理-高等职业教育-教材 Ⅳ.①F275-39

中国版本图书馆 CIP 数据核字(2020)第 147703 号

Excel 在财务管理中的应用
凌鉴宇　主编
责任编辑　施小占
助理编辑　曹晓晴

苏州大学出版社出版发行
(地址：苏州市十梓街 1 号　邮编：215006)
广东虎彩云印刷有限公司印装
(地址：东莞市虎门镇黄村社区厚虎路20号C幢一楼　邮编：523898)

开本 787 mm×1 092 mm　1/16　印张 13　字数 255 千
2020 年 8 月第 1 版　2024 年 1 月第 3 次印刷
ISBN 978-7-5672-3233-4　定价：45.00 元

若有印装错误，本社负责调换
苏州大学出版社营销部　电话：0512-67481020
苏州大学出版社网址　http://www.sudapress.com
苏州大学出版社邮箱　sdcbs@suda.edu.cn

前言

企业财务管理是以企业资金运动为对象，利用价值形式对企业各种资源进行优化配置的管理活动。财务信息化的发展，对企业的财务管理提出了更高的要求。本书充分挖掘 Excel 2010 的功能和应用，按照项目任务将经典案例引入教学内容，剖析函数功能，分析工具应用，细化操作步骤，提炼财务数据分析和管理的要点，系统介绍了 Excel 2010 软件在企业筹资管理、资金运营管理、投资管理、财务分析等财务管理活动中的应用，使读者在掌握财务管理基本理论和方法的基础上，能快速提升财务数据分析、管理能力，从而提高工作效率，增强个人及企业的社会竞争力。

本书具有以下特点：

第一，课程资源信息化。

为适应移动互联时代需求，书中案例提供了以二维码为呈现方式的操作录屏，为教师教学和学生学习提供了重要参考。另外，我们为本书特别制作了配套的 PPT 课件，教师如需资源，可与出版社联系。

第二，立体教学，全面指导。

采用"知识要点分析+实例制作+实战演练"的立体教学方式，使学生能及时掌握所学的知识点。

第三，图文并茂，步骤详尽。

本书充分利用 Excel 2010 软件强大的数据处理和分析功能，通过文字、图片及表格相结合的方式全方位介绍 Excel 2010 软件在财务管理实践活动中的具体应用，思路清晰，步骤详尽，每章均附有习题,易学易用,既可以作为高校会计学、财务管理、工商管理等专业的教学用书,也可以作为财会工作者、企业管理者、创业者及银行、保险等相关领域专业技术人员的参考读物。

第四,重点明确,内容丰富。

本书覆盖内容广泛,并用醒目的标注对重点、要点知识进行提示,帮助读者明确学习重点,省时贴心。

本书由凌鉴宇担任主编,蒋冰丹、高婧、龚姝婷、毛金芬、陈莉鋆担任副主编,编写分工如下:项目一由苏州高博软件技术职业学院陈莉鋆编写;项目二、项目六由无锡南洋职业技术学院凌鉴宇编写;项目三由无锡南洋职业技术学院蒋冰丹编写;项目四由江苏信息职业技术学院高婧编写;项目五由江苏信息职业技术学院毛金芬编写;项目七由江苏信息职业技术学院龚姝婷编写;凌鉴宇负责全书修改、整理和定稿。

本教材是参与编写的编者倾力合作与集体智慧的结晶,尽管我们在教材特色的建设方面做出了很多努力,但由于编者水平有限,对实际工作研究不够全面,难免有不尽完善的地方,我们期待使用本书的读者提出改进意见,以便今后不断完善。

编 者

2020.05

目 录
Contents

项目一　Excel 2010 概述 …………………………………………… 001

　　任务一　Excel 2010 的工作界面及新增功能 ………………… 001
　　任务二　Excel 的基础操作 …………………………………… 007
　　任务三　Excel 的公式 ………………………………………… 030
　　任务四　Excel 相关函数 ……………………………………… 038
　　思考与练习 ……………………………………………………… 046

项目二　Excel 在货币时间价值中的应用 ………………………… 050

　　任务一　货币时间价值概述 …………………………………… 050
　　任务二　Excel 在现值和终值中的应用 ……………………… 066
　　任务三　Excel 在货币时间价值中的应用 …………………… 079
　　思考与练习 ……………………………………………………… 082

项目三　Excel 在筹资管理中的应用 ……………………………… 084

　　任务一　筹集资金需求量预测 ………………………………… 084
　　任务二　筹集资金成本分析 …………………………………… 091
　　任务三　筹集资金决策方法应用 ……………………………… 103
　　思考与练习 ……………………………………………………… 110

项目四　Excel 在营运资金管理中的应用 ………………………… 113

　　任务一　Excel 在现金管理中的应用 ………………………… 113
　　任务二　Excel 在存货管理中的应用 ………………………… 117
　　任务三　Excel 在应收账款管理中的应用 …………………… 124
　　思考与练习 ……………………………………………………… 131

项目五　Excel 在投资管理中的应用 ·· 133
　　任务一　项目投资决策指标应用 ··· 134
　　任务二　固定资产投资中的应用 ··· 140
　　任务三　股票投资中的应用 ··· 146
　　任务四　债券投资中的应用 ··· 151
　　思考与练习 ·· 155

项目六　Excel 在企业财务分析中的应用 ······································ 158
　　任务一　财务分析概述 ··· 158
　　任务二　Excel 在财务指标分析中的应用 ································· 165
　　任务三　Excel 在垂直分析中的应用 ······································· 170
　　任务四　Excel 在财务综合分析中的应用 ································· 172
　　思考与练习 ·· 176

项目七　Excel 在财务管理预测和分析中的应用 ···························· 179
　　任务一　方案管理器 ··· 179
　　任务二　规划求解 ·· 183
　　任务三　模拟运算表 ··· 189
　　思考与练习 ·· 197

参考文献 ·· 199

项目一 Excel 2010 概述

学习目的

了解 Excel 2010 的工作界面和新增功能，理解 Excel 的基本概念和术语，掌握 Excel 基础操作和基本设置，能熟练运用函数功能和公式定义来解决工作中的实际问题。

任务一 Excel 2010 的工作界面及新增功能

Excel 表格处理软件是美国微软公司研制的办公自动化软件 Office 中的重要成员，经过多次改进和升级，用户可以利用它方便地制作各种电子表格，使用其公式和函数对数据进行复杂运算；利用它的各种图表来直观明了地表示数据；可以对工作表中的数据进行检索、分类、排序、筛选等操作；利用其提供的函数完成各种数据分析，如财务、统计、金融、管理等方面的函数应用；可以通过它创建超级链接获取互联网上的共享数据，也可以将自己的工作簿设置成共享文件保存在互联网的共享网站中，让世界上任何一个子网用户分享。本书以 Excel 2010 为蓝本，阐述 Excel 在财务管理中的应用。

一、Excel 2010 的工作界面

（一）Excel 2010 软件的启动

Excel 2010 软件的启动有以下两种方法：

第一种：单击【开始】菜单→选择【所有程序】分菜单→选择【Microsoft Office】文件夹→选择【Microsoft Office Excel 2010】选项，即可打开 Excel 2010。

第二种：在桌面上双击【Microsoft Office Excel 2010】快捷方式，即可打开 Excel 2010，如图 1-1 所示。

图 1-1　Excel 2010 软件启动的工作界面

Excel 2010 软件启动后，将打开【空白工作簿】窗口，如图 1-2 所示。

图 1-2　Excel 2010 空白工作簿窗口

（二）Excel 2010 窗口组成

1. 标题栏

标题栏位于 Excel 窗口顶部，以最精练的语言说明该窗口的名称及主要功能，显示当前编辑的工作簿名称。选择【空白工作簿】打开 Excel 时，标题栏显示当前工作簿名为【工作簿 1】。Excel 2010 软件的标题栏不仅有该窗口主要功能的提示，还有方便用户操作的【快速访问工具栏】。

2. 菜单栏

菜单栏是按照程序功能分组排列的按钮集合，位于标题栏下方，由【文件】

【开始】【插入】【页面布局】等菜单命令组成。菜单有自动记录的功能，为用户选择常用命令提供了很大的方便。

3. 工具栏

每个菜单下有一组相关工具按钮，利用这些工具按钮可以更快速、更方便地工作。

4. 公式栏

公式栏又称编辑栏，Excel 一般在工作表中显示公式栏，用于输入或修改单元格中的内容。

5. 名称框

名称框在公式栏的左边，Excel 名称框可以实现快速选定单元格或单元格区域、快速命名单元格或单元格区域及简化公式写法。

6. 工作簿及工作表

Excel 工作簿是包含一个或多个工作表的文件，可以用其中的工作表来组织各种相关信息。工作表总是储存在工作簿中。

Excel 工作簿模板是指创建后作为其他相似工作簿基础的工作簿。Excel 工作簿的默认模板名为 Book.xlt，Excel 工作表的默认模板名为 Sheet.xlt。

Excel 工作表是指在 Excel 软件中用于存储和处理数据的主要文档，也称电子表格。工作表由排列成行或列的单元格组成。

工作表区域是 Excel 的主要工作区，它是占据屏幕最大面积且用于记录数据的区域，所有的信息都在此编辑。

7. 工作表标签

工作表标签位于工作表区域的左下方，用于显示工作表的名称，可以通过单击这些标签切换工作表。目前正在使用的工作表称为活动工作表，可以单击工作表标签进行工作表切换。

8. 状态栏

状态栏位于工作区的底部，用来显示当前工作区单元格的输入或就绪状态及页面的显示状态。

9. 水平、垂直滚动条

水平、垂直滚动条分别位于工作表区域的右下方和右边，用于水平、垂直方向改变工作表的可见区域。

二、Excel 2010 的新增功能

Excel 2010 较以往版本主要新增了以下功能。

1. 强化 Ribbon 功能

Ribbon 图形用户界面的主题颜色和风格有所改变。在 Excel 2010 中，Ribbon 的功能更加强大，用户可以设置更多东西，使用更加方便。

2. 会计专用

Excel 2010 强大的计算功能可以运用在众多财务会计表（如现金流量表、利润表等）的编制中。

3. 创建预算

Excel 2010 中可以创建任何类型的预算，如市场预算、活动预算或退休预算等。

4. 管理账单和销售数据

Excel 2010 还可以用于管理账单和销售数据。用户可以轻松创建所需表单，如销售发票、装箱单或采购订单等。

三、自定义工作环境

用户进行数据处理时，如果要对工作环境中的某些参数进行设置，可以通过单击【文件】→【选项】打开【Excel 选项】对话框来设置，【Excel 选项】对话框中有常规、公式、校对等选项卡，如图 1-3 所示。

1. 常规选项卡

◆ 用户界面选项。

可以设置显示浮动工具栏、启用实时预览、屏幕提示样式等。

◆ 新建工作簿时。

可以设置新建工作簿的默认字体、字号等。

◆ 对 Microsoft Office 进行个性化设置。

可以设置用户名、Office 主题等。

◆ 启动选项。

可以设置系统的启动选项，如将 Excel 设置为查看和编辑电子表格的默认程序等。

图 1-3　Excel 选项对话框

2. 公式选项卡

◆ 工作簿计算。

可以设置自动重算、除模拟运算表外自动重算等。

◆ 使用公式。

可以设置 R1C1 引用样式、公式记忆式键入等。

◆ 错误检查。

可以设置允许后台错误检查等。

◆ 错误检查规则。

可以设置所含公式导致错误的单元格、表中不一致的计算列公式等。

3. 校对选项卡

◆ 自动更正选项。

可以设置更改键入时的方式等。

◆ 在 Microsoft Office 程序中更正拼写时。

可以设置忽略全部大写的单词等。

4. 保存选项卡

◆ 保存工作簿。

可以设置保存文件格式、保存自动恢复信息时间间隔等。

◆ 自动恢复例外情况。

◆ 文档管理服务器文件的脱机编辑选项。

◆ 保留工作簿的外观。

5. 语言选项卡

◆ 选择编辑语言。

◆ 选择用户界面和帮助语言。

6. 高级选项卡

◆ 编辑选项。

可以设置按【Enter】键后移动所选内容、自动插入小数点等。

◆ 剪切、复制和粘贴。

◆ 图像大小和质量。

◆ 打印。

◆ 图表。

◆ 显示。

◆ 此工作簿的显示选项。

◆ 此工作表的显示选项。

◆ 公式。

◆ 计算此工作簿时。

◆ 常规。

◆ 数据。

7. 自定义功能区选项卡

自定义功能区选项卡的内容比较多，用户可以根据需要对自定义功能区进行个性化设计，选中或取消选中这些命令或选项卡。如主选项卡中【开发工具】不是默认打开状态，如果需要，可以进行设置。如图1-4所示。

图1-4 自定义功能区个性化设计

8. 快速访问工具栏选项卡

快速访问工具栏是一个可自定义的工具栏，包含一组独立于当前显示的功能区上的选项卡的命令。用户可以从两个可能的位置之一移动快速访问工具栏，并且可以将表示命令的按钮添加到快速访问工具栏中。

任务二　Excel 的基础操作

一、Excel 的操作对象

（一）工作簿

工作簿是指 Excel 环境中用来储存并处理工作数据的文件。它是 Excel 工作区中一个或多个工作表的集合，其扩展名为 .xlsx。Excel 2010 默认由 1 张工作表组成一个工作簿，一个工作簿中最多可建立 255 张工作表。

（二）工作表

工作表是显示在工作簿窗口中的表格。一个工作表可以由 1 048 576 行和 16 384 列构成。行的编号从 1 到 1 048 576，列的编号依次用字母 A、B……XFD 表示。行号显示在工作簿窗口的左边，列号显示在工作簿窗口的上边。

（三）单元格

单元格是工作表中行与列的交叉部分，它是组成工作表的最小单位，可以拆分或者合并。单个数据的输入或修改都是在单元格中进行的。

设置单元格格式

单元格按所在的行与列位置来命名，它有三种引用样式：A1 引用样式、R1C1 引用样式和三维引用样式。

1. A1 引用样式

Excel 默认使用 A1 引用样式，该引用样式引用字母标识列（从 A 到 XFD），引用数字标识行（从 1 到 1 048 576）。若要引用某个单元格，则输入列标和行号，如 B2 即可引用列 B 和行 2 交叉处的单元格。

2. R1C1引用样式

R1C1引用样式是同时统计工作表上行和列的引用样式，该引用样式对于计算位于宏内的行和列很有用。在R1C1引用样式中，Excel指出了行号在R后而列号在C后的单元格位置。例如，R2C3相当于A1引用样式的C2，即引用行2和列3（即C）交叉处的单元格。

3. 三维引用样式

如果要分析同一工作簿中多张工作表上的相同单元格或单元格区域中的数据，就要用到三维引用。三维引用包括单元格引用和区域引用，前面加上工作表名称的范围，Excel就可以引用在开始名和结束名之间的任何工作表。例如，=SUM(Sheet2:Sheet13!B5)将计算包含在B5单元格内所有值的和，单元格取值范围是从工作表2到工作表13。

（四）选取工作范围

在Excel的工作表中，工作范围是指一组选定的单元格，它们可以是连续的，也可以是分散的。如果选定一个工作范围后再进行操作，则这些操作作用于该工作范围内的所有单元格。

1. 选择单个单元格

单击单元格，或者按箭头键移动到该单元格。

2. 选择单元格区域

单击区域中的第一个单元格，然后拖动到区域中的最后一个单元格，或者在按住【Shift】键的同时按箭头键以扩展选定区域。也可以选择区域中的第一个单元格，然后按【F8】键以便通过使用箭头键来扩展选定区域。若要停止扩展选定区域，可再次按【F8】键。

3. 选择较大的单元格区域

单击区域中的第一个单元格，然后在按住【Shift】键的同时单击区域中的最后一个单元格。可以先滚动到最后一个单元格所在的位置。

4. 利用名称框定义单元格区域名称

对于较大区域的单元格，可以定义名称。首先选择要定义名称的单元格或单元格区域，然后单击编辑栏最左边的名称框，输入名称（名称长度最多为255个字符），按回车键即完成名称的定义。

5. 选择工作表上的所有单元格

【全选】按钮在行、列交叉的左上角，单击该按钮可以选择所有单元格。若要选择整个工作表,也可以按【Ctrl+A】组合键。

> **提示** 工作表中包含数据时,如果光标放在数据区域内,按【Ctrl+A】组合键选择当前数据区域,按两次【Ctrl+A】组合键选择整个工作表;如果光标放在空白单元格,按【Ctrl+A】组合键选择整个工作表。

6. 选择不相邻的单元格或单元格区域

先选中第一个单元格或单元格区域,然后在按住【Ctrl】键的同时选中其他的单元格或单元格区域。也可以先选中第一个单元格或单元格区域,然后按【Shift+F8】组合键将其他不相邻的单元格或单元格区域添加到选定区域中。若要停止将单元格或单元格区域添加到选定区域中,再次按【Shift+F8】组合键即可。

7. 选择整个行或列

单击行或列标题,即可选择整行或整列。也可以先选择第一个单元格,然后按【Ctrl+Shift+箭头】组合键(对于行,为向右键;对于列,为向下键)来选择整行或整列。

> **提示** 如果行或列中包含多个不连续的数据,可以多次按【Ctrl+Shift+箭头】组合键以选择行或列中的数据,直到最后一个有数据的单元格被选中,再次按【Ctrl+Shift+箭头】组合键就可以选择整行或整列。

8. 选择相邻的行或列

在行标题或列标题中拖动鼠标。也可以先选中第一行或第一列,然后在按住【Shift】键的同时选中最后一行或最后一列。

9. 选择不相邻的行或列

单击选定区域中第一行或第一列的行标题或列标题,然后在按住【Ctrl】键的同时单击要添加到选定区域中的其他行或列的行标题或列标题。

二、创建工作表

(一) 工作表的命名和保存

启动 Excel 2010 后,如果是首次保存,必须输入文件的名称。如将文件命名为"人事档案表",操作步骤如下:

第一步:双击【Microsoft Excel 2010】快捷方式,进入【空白工作簿】窗口后,单击窗口左上角的【保存】按钮,打

工作表的
命名和保存

开【另存为】窗口，如图1-5所示。

图1-5 工作簿另存为窗口

第二步：Microsoft Office 程序会在默认工作文件夹中保存文件，若要将文件保存到其他位置，须单击其他文件夹选择文件存放位置。

第三步：大多数时候，用户可能希望将工作簿保存为当前文件格式（.xlsx）。然而有时候，用户也可能需要将工作簿保存为其他文件格式，如 Excel 较早版本的文件格式、文本文件格式、PDF 文件格式等，保存类型如图1-6所示。

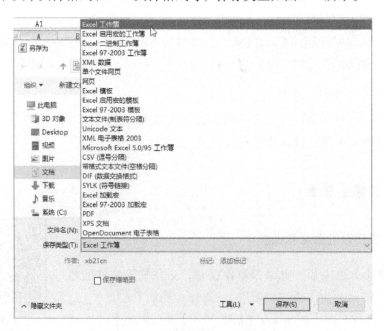

图1-6 工作簿保存文件格式类型

> **注意**：每次将工作簿另存为其他文件格式时，可能无法保存它的某些格式、数据和功能。

第四步：文件在编辑过程中，单击【保存】按钮，或者按【Ctrl+S】组合键均可进行实时保存。

（二）数据的输入

在 Excel 中输入数据有多个选择，可以在一个单元格中、同时在多个单元格中或同时在多个工作表中输入数据；输入的数据可以是数字、文本、日期或时间；可以采用多种方式设置数据的格式；可以调整多项设置，使数据输入变得更容易。

向单元格输入数据有三种基本的输入方法：一是单击目标单元格，直接输入；二是双击目标单元格，主要用于修改单元格中的数据，当单元格中出现插入光标时，把光标移动至修改位置后即可输入；三是单击目标单元格，再单击编辑栏，在编辑栏中输入或修改数据。

1. 输入文本

文本一般包括汉字、英文字母、拼音符号等。在向单元格输入文本时，如果相邻单元格没有数据，Excel 允许长文本覆盖右边的单元格；如果相邻单元格有数据，则只显示长文本开头部分。

输入过程中可以用【Backspace】键进行修改，按编辑栏的【取消】按钮或【Esc】键可以取消输入，按编辑栏的【确认】按钮或【Enter】键确认输入。

2. 输入数字

在单元格中输入数字时，方法与输入文本一样，不同的是 Excel 默认文本输入后是左对齐，数字输入后是右对齐。

（1）输入分数

在工作表中，分式通常以斜杠"/"来分隔分子和分母，这样显示的就是日期格式。Excel 中规定，可以先输入"0"，然后空一格，再按照"分子/分母"的格式输入分数，这样就不会被 Excel 处理为日期了。

（2）输入负数

在输入负数时，可以在数字前输入减号"-"作为标识，也可以将数字置于括号"( )"内，按【Enter】键则显示负数。

3. 输入日期和时间

日期和时间也是一种数字，只不过有其特定的格式。Excel 能识别大多数用普通方法输入的日期和时间格式。

(1) 输入日期

用户可以使用多种格式来输入一个日期,可以用斜杠"/"或横杠"-"来分隔日期的年、月和日,如"2010-5-1"或"2010/5/1"均为日期格式。日期的格式也比较多,可以利用格式对话框进行修改。

假设要输入当前日期,可以在 Excel 单元格中插入静态日期,当按下【Ctrl+;】组合键时,单元格中将插入当前日期,由于该单元格的值不会更新,因而被视为静态值。

如果要插入会更新的日期(也称动态日期),也就是在重新计算工作表或打开工作簿时发生更新的日期,可以利用 TODAY 函数来实现。

(2) 输入时间

在单元格中输入时间的方式有两种,即 12 小时制的输入和 24 小时制的输入,二者的输入方式不同。以 12 小时制输入时间时,要在时间数字后加一个空格,然后输入字母"a"表示上午,输入字母"p"表示下午。以 24 小时制输入时间时,则只要直接输入"时:分:秒"即可。

假设要输入静态的当前时间,应按【Ctrl+Shift+;】组合键;若要输入可以更新的当前时间,可以利用 NOW 函数来实现。

4. 输入符号和特殊字符

(1) 输入符号

如果要输入键盘上没有的符号,则需要按以下操作步骤进行:

◆ 单击要插入符号的位置。

◆ 在【插入】选项卡的【符号】组中单击【符号】按钮。

◆ 在列表框中选择所需的符号。如果要插入的符号不在列表框中,单击右侧滚动条,选择要插入的字符,然后单击【插入】按钮。

◆ 单击【关闭】按钮。

> **提示** 如果使用扩展的字体,如 Arial 或 Times New Roman,将出现子集列表。使用此列表可供选择的语言字符,包括希腊语和俄语(西里尔文)。

(2) 输入特殊字符

◆ 单击要插入特殊字符的位置。

◆ 在【插入】选项卡的【符号】组中单击【符号】按钮。

◆ 单击【特殊字符】选项卡。

◆ 选择要插入的特殊字符,然后单击【插入】按钮。

◆ 单击【关闭】按钮。

5. 输入多行数据

如果希望在一个单元格中输入两行及以上数据,可以采取手动的方法来实现,按下【Alt+Enter】组合键即可分行输入。

如果有大量的单元格需要多行输入,可以对单元格进行格式化处理。选择【自动换行】也可以多行显示。具体操作如图 1-7 所示。

图 1-7　单元格自动换行设置

(三) 数据的快速填充

在表格中经常要输入一些有规律的数据,如果按常规方法逐个输入数据的话,既浪费时间又容易出错。下面介绍几种快速输入数据的方法。

1. 在多个单元格中输入相同数据

用户在 Excel 中输入数据时,经常会遇到要在许多单元格输入相同内容的情况,这些单元格有时是连续的,有时是不连续的,可以通过如下操作来实现:

① 先选中所有要输入相同内容的单元格,如果是不连续的单元格,可以结合【Ctrl】键和鼠标左键来完成。

② 输入数据内容,完毕后,按【Ctrl+Enter】组合键,被选中的单元格就填充了相同内容。

2. 自动完成输入

如果在单元格中输入的起始字符与该列已有单元格中的内容相符,那么 Excel 可以自动填写其余的字符,按【Enter】键可以自动接受所提供的字符。如果不想采用,继续输入就可以忽略它。

3. 自动填充

如果需要输入的数字或文字数据并不完全相同，但有一定规律，那么可以根据某种模式或基于其他单元格中的数据，使用以下方法在单元格中填充数据，以提高输入效率。

（1）使用填充柄将数据填充到相邻的单元格中

要快速填充多种类型的数据序列，可以选择要用作其他单元格填充基础的单元格，然后将填充柄横向或纵向拖过填充的单元格。

要更改选定区域的填充方式，可以单击【自动填充选项】，然后在提示菜单中单击所需的选项。例如，可以选择单击【仅填充格式】选项以只填充单元格格式，也可以选择单击【不带格式填充】选项以只填充单元格的内容，等等。图1-8、图1-9分别是以数字为填充方式、以日期为填充方式时的提示菜单。

图1-8　以数字为填充方式时的提示菜单　　图1-9　以日期为填充方式时的提示菜单

> **提示**　如果向所选单元格区域的上方或左边拖动填充柄，并停止在所选单元格区域中而不超过所选单元格区域的第一列或第一行，Excel将删除选定区域内的数据。

（2）填充一系列数字、日期或其他内置序列项目

可以使用填充柄或【填充】命令快速在区域中的单元格中填充一组数字、日期，或者一组内置工作日、月份或年份。

例如，如果要使用序列1，2，3，4，5…，须在前两个单元格中键入"1"和"2"，然后选择前两个单元格，拖动填充柄使其经过要填充的区域。

若要按升序填充，须从上到下或从左到右拖动。若要按降序填充，须从下到上或从右到左拖动。

(3)使用【填充】命令用序列填充单元格

选择要填充的区域中的第一个单元格，键入这一组数字的起始值，在【开始】选项卡上的【编辑】组中单击【填充】按钮，然后在提示菜单中单击【序列】选项，弹出对话框，如图 1-10 所示。

在【类型】单选按钮中，单击以下选项之一：

图 1-10 填充命令下的序列对话框

◆ 等差序列：创建一个序列，其数值通过对每个单元格数值依次加上【步长值】框中的数值计算得到。

◆ 等比序列：创建一个序列，其数值通过对每个单元格数值依次乘以【步长值】框中的数值计算得到。

◆ 日期：创建一个序列，其填充日期递增值在【步长值】框中设置，并在【日期单位】单选按钮中选择所需要的日期单位。

◆ 自动填充：创建一个与拖动填充柄产生相同结果的序列。

例如，分别在 A 列、B 列、C 列用序列填充等差数列、等比数列和 2010 年 5 月 1 日到 5 月 10 日所有工作日的数据，结果如图 1-11 所示。

	A	B	C
1	等差数列	等比数列	所有工作日
2	1	1	2010/5/1
3	4	2	2010/5/2
4	7	4	2010/5/3
5	10	8	2010/5/4
6	13	16	2010/5/5
7	16	32	2010/5/8
8	19	64	2010/5/9
9	22	128	2010/5/10
10	25	156	
11	28	512	
12	31	1 024	

图 1-11 用序列填充单元格演示

(4)使用自定义填充序列填充数据

要简化特定数据序列（如姓名或销售区域的列表）的输入操作，可以创建自定义填充序列。可以基于工作表上的现有项目列表来创建自定义填充序列，也可以从头开始键入列表。虽然不能编辑或删除内置的填充序列（如用于填充月份和日期的填充序列），但可以编辑或删除自定义填充序列。

> **注意**：自定义填充序列只能包含文本或与数字混合的文本。

例如，要按"北京，上海，广州，深圳，天津，南京"这个顺序来自定义序列，操作步骤如下：

◆ 单击【文件】选项卡，然后单击【选项】按钮。

◆ 单击【高级】选项卡，然后在【常规】下，单击【编辑自定义列表】按钮。

◆ 确保所选项目列表的单元格引用显示在【从单元格中导入序列】框中，然后单击【导入】按钮，或者直接在【输入序列】框中输入"北京，上海，广州，深圳，天津，南京"，然后单击【添加】按钮，所选列表中的项目将被添加到【自定义序列】框中，如图1-12所示。

◆ 单击【确定】按钮，即可完成自定义序列。

图1-12　自定义序列对话框

使用时，在单元格中输入"北京"后，拖动填充柄，即可实现"北京，上海，广州，深圳，天津，南京"这个序列的填充。

三、编辑工作表

建立工作表之后，用户需要根据实际需要，利用Excel提供的编辑功能，对工作表进行修改和调整，以使其达到预期效果。

插入和
删除工作表

（一）工作表的基本操作

1. 选择工作表

对 Excel 工作表进行操作，首先要选择 Excel 工作表。

（1）选择单个工作表

单击 Excel 工作簿窗口下方的工作表标签，即可选择所需工作表。另外，当工作表较多时，可以右击工作表标签左侧导航栏上的按钮，打开【激活】对话框，在对话框的【活动文档】列表中选择所需工作表，单击【确定】按钮，也可以实现对工作表的选择。

> **提示** 如果在 Excel 工作簿窗口底部看不到所有的工作表标签，可以单击工作表导航栏上的箭头按钮，让工作表标签滚动显示。

另外，按【Ctrl+Page Up】组合键和【Ctrl+Page Down】组合键也可以实现对工作表的切换，它们的作用分别是切换到上一张工作表和切换到下一张工作表。

（2）选择连续的多张工作表

单击某个工作表标签，然后按住【Shift】键，同时单击另一个工作表标签，则这两个工作表标签间的所有工作表将被选择。

（3）选择不连续的多张工作表

按住【Ctrl】键，依次单击需要选择的工作表标签，则这些工作表将被同时选择。

> **提示** 在同时选择了多张工作表后，要取消对这些工作表的选择，只需要单击任意一个未被选择的工作表标签即可。

2. 插入和删除工作表

新建一个 Excel 工作簿时，系统会自动生成一张工作表，用户可以根据需要插入或删除工作表。

第一步：单击 Excel 工作簿窗口下方的【新工作表】按钮，可以快速新建一张工作表，如图 1-13 所示。

图 1-13　新建工作表演示

第二步：右击工作表标签，在弹出的提示菜单中选择【插入】选项，也可以插入一张工作表。

第三步：按【Shift+F11】组合键也可以新建一张工作表。

第四步：右击工作表标签，在弹出的快捷菜单中选择【删除】选项即可删除该工作表。

3. 移动和复制工作表

在 Excel 2010 中，可以将 Excel 工作表移动或复制到同一工作簿的其他位置或其他 Excel 工作簿中。需要注意的是，在 Excel 2010 中移动或复制工作表时要十分谨慎，若移动了工作表，则基于工作表数据的计算可能出错。

第一步：在同一工作簿中移动或复制工作表。

在同一工作簿中，直接拖动工作表标签至所需位置即可实现工作表的移动；若在拖动工作表标签的过程中按住【Ctrl】键，则可以复制工作表。

第二步：在不同工作簿间移动或复制工作表。

要在不同工作簿间移动或复制工作表，可按以下操作进行：

◆ 打开要进行移动或复制的源工作簿和目标工作簿，选中要进行移动或复制操作的单个或多个工作表标签。

◆ 右击选中的工作表标签，在弹出的提示菜单中选择【移动或复制工作表】选项（如图 1-14 所示），打开【移动或复制工作表】对话框。

◆ 在【将选定工作表移至工作簿】下拉列表中选择目标工作簿，在【下列选定工作表之前】列表中选择将工作表复制或移动到目标工作簿的位置。若要复制工作表，须选中【建立副本】复选框，如图 1-15 所示。

◆ 单击【确定】按钮，即可实现不同工作簿间工作表的移动或复制。

图 1-14 移动或复制工作表的提示菜单

图 1-15 移动或复制工作表对话框

4. 重命名工作表

第一步：在 Excel 工作簿中，右击需要重命名的工作表标签，在弹出的提示菜单中选择【重命名】选项，输入要修改的名字，如改名为"人事档案表"，按【Enter】键即可完成。

第二步：在【开始】选项卡上的【单元格】组中单击【格式】按钮，然后在提示菜单中单击【重命名工作表】选项，修改标签名字，然后按【Enter】键即可完成改名。

第三步：双击工作表标签，直接进入编辑状态，对工作表进行重命名。

5. 隐藏工作表

在工作表较多的情况下，选择操作工作表很不方便，这时候就可以对暂不需要操作的工作表进行隐藏。工作表隐藏和取消隐藏的操作方法如下：

第一步：在 Excel 工作簿中，右击选中的工作表标签，在提示菜单中单击【隐藏】选项，刚才选中的工作表就被隐藏了。

第二步：如果需要取消隐藏，则右击工作表标签，然后选择【取消隐藏】选项，这时会弹出一个对话框，选择需要取消隐藏的工作表，然后单击【确定】按钮即可。

（二）工作表的拆分和冻结

在使用 Excel 工作表时，如果 Excel 工作表中数据比较多，间距比较大，为了更方便地看到更多的数据，可以把 Excel 工作表的窗口进行拆分与冻结。

1. 冻结工作表首行

选择【视图】选项卡，然后选择【窗口】组中的【冻结窗格】按钮，在弹出的提示菜单中选择【冻结首行】选项，如图 1-16 所示。

图 1-16　冻结工作表首行演示

2. 冻结工作表首列

冻结窗口首列的操作步骤与冻结窗口首行基本上相同，只是在最后选择【冻结首列】选项即可。

3. 冻结拆分窗格多行或多列

当工作表比较长时，既需要看上面的内容，又需要看下面的内容，或者当工作表比较宽时，既需要看前面的内容，又需要看后面的内容，这时就可以选择【冻结拆分窗格】选项，冻结多行或者多列。具体操作方法如下：

◆ 首先需要确定拆分窗口的行数或者列数，如需要冻结前 3 行，那么就需要选择第 4 行整行。

◆ 然后选择【视图】选项卡，选择【窗口】组中的【冻结窗格】里的【冻结拆分窗格】选项。

◆ 冻结多列的方法和冻结多行的一样，如需要冻结前 6 列，那么就需要选择第 7 列整列。

> 提示：在 Excel 中不管是冻结窗口某一行还是某一列，都需要注意每一个操作步骤，Excel 工作表的窗口进行拆分与冻结一般使用在大工作表、长工作表和数据多的工作表中。

（三）保护工作表和工作簿

1. 保护工作表

在工作中，为了防止制作的一些重要表格中的数据被他人随意改动，给 Excel 工作表设置密码保护是十分有必要的。具体操作如下：

第一步：打开 Excel 工作表，在功能区中选择【审阅】选项卡，然后单击【更改】组中的【保护工作表】按钮。

第二步：在弹出的【保护工作表】对话框中进行取消保护所需密码的设置，输入设置的密码，如图 1-17 所示。

第三步：在【保护工作表】对话框中单击【确定】按钮，Excel 会跳出一个【确认密码】对话框，在【重新输入密码】框中输入刚才设置的密码后，单击【确定】按钮即可，如图 1-18 所示。

图 1-17 保护工作表对话框

图 1-18　保护工作表确认密码对话框

这样，更改数据时就需要密码许可，没有密码则无法对数据进行修改。

2. 保护工作簿

在工作中，为了防止制作的一些重要表格中的数据被他人随意改动，给 Excel 工作簿设置密码保护是十分有必要的。具体操作如下：

第一步：打开 Excel 工作簿，在功能区中选择【审阅】选项卡，然后单击【更改】组中的【保护工作簿】按钮，此时将弹出【保护结构和窗口】对话框，勾选【结构】复选框。

第二步：在【密码】框中输入保护工作簿的密码，完成设置后单击【确定】按钮关闭对话框，如图 1-19 所示。

图 1-19　保护结构和窗口对话框

图 1-20　保护工作簿确认密码对话框

第三步：此时，Excel 会弹出【确认密码】对话框，在【重新输入密码】框中输入刚才设置的密码后，单击【确定】按钮关闭该对话框，如图 1-20 所示。此时，工作簿处于保护状态，工作表无法实现移动、复制和隐藏等操作。

（四）应用模板

在启动 Excel 2010 软件后，用户既可以创建空白文档，也可以根据需要选择 Office 的设计模板来创建文档。下面介绍 Excel 2010 工作簿模板的使用方法。

1. 新建文档模板

在启动 Excel 2010 软件后，程序窗口中列出了常用的文档模板，单击需要使用的模板，如图 1-21 所示。此时，Excel 弹出该模板的提示对话框，在对话框中列出模板的使用说明及缩览图等信息，单击【创建】按钮，Excel 将下载该模板并创建基于该模板的工作簿。此时，用户根据需要对工作表进行修改即可。

图 1-21　新建文档模板窗口

2. 搜索联机模板

在进行文档编辑时，打开【文件】选项卡，选择左侧的【新建】选项，在页面中的【建议的搜索】栏中单击相应的选项。例如，选择【日历】选项，此时，Excel 将搜索联机模板，在页面右侧的【分类】栏中显示模板的分类列表；选择某个类别后，页面的中间将列出该类的所有模板；单击其中需要使用的模板后，Excel 将给出该模板的提示信息，单击对话框中的【创建】按钮，即可创建基于该模板的空白文档。

3. 创建自定义工作簿模板

在工作中，用户经常需要使用一些格式固定的 Excel 工作簿，如果每次都重新创建工作簿，则必然会影响工作效率。实际上，用户可以通过自定义工作簿模板来解决这个问题。当将某种常用结构的工作簿定义为模板后，用户将能够在每次使用时直接打开并使用它。操作方法如下：

第一步：启动 Excel 2010 软件后，打开需要保存为模板的工作簿文件。在【文件】选项卡中选择【另存为】选项，单击【另存为】栏中的【浏览】按钮。

第二步：此时将打开【另存为】对话框，在【保存类型】下拉列表中选择【Excel 模板（*.xltx）】选项，【另存为】对话框会自动将保存路径定位。在对话框的【文件名】框中输入模板的名称，完成设置后单击【保存】按钮保存文档，如图 1-22 所示。

第三步：当需要创建基于该模板的 Excel 工作簿时，可以在【文件】选项卡中选择【新建】选项，在页面中单击【个人】选项获得用户的自定义模板列表，单击需要使用的模板选项即可打开该模板。

图 1-22　创建自定义工作簿模板对话框

四、修饰工作表

新建工作表中默认不包含任何特定的格式和内容，如果用户希望插入的新工作表具有某些特定的内容和格式，则可以通过简单设置达到目的。

（一）设置列宽和行高

新建 Excel 工作表默认的列宽和行高都显得不美观，这时可以通过设置列宽和行高满足用户需求。

1. 设置列宽

用户可以把光标放在列的交界处，当光标呈现左右箭头形状时，进行拖曳，即可设置单列的宽度。

用户也可以在【开始】选项卡下的【单元格】组中单击【格式】按钮设置列宽，如图 1-23 所示。

图 1-23　设置工作表列宽和行高的提示菜单

2. 设置行高

设置 Excel 工作表行高的操作方法与设置列宽的方法类似，也可以通过拖曳行的交界线或在【开始】选项卡下的【单元格】组中单击【格式】按钮设置。

（二）设置单元格格式

在创建完 Excel 工作表以后，需要对工作表进行简单的美化，一般使用的是 Excel 的【设置单元格格式】对话框。【设置单元格格式】对话框里包含了数字、对齐、字体、边框、填充、保护 6 个标签，通过这些标签可以进行工作表的格式设置，如图 1-24 所示。

图 1-24 设置单元格格式对话框

1. 数字标签

在数字标签里，可以设置数据的格式。因为电子表格应用程序是用来处理数值数据的，所以数值格式是工作表中最关键的部分。格式化数值数据的方式由用户决定，但同一个工作簿的各个工作表应使用一致的处理数字的方法。

处理数值数据的方法包括使所有的负数具有不同的颜色（如红色或蓝色），用逗号作为千位分隔符，等等。

Excel 提供许多内在的数值格式，也允许用户自定义，生成自己的数值格式。

2. 对齐标签

对齐标签里包含了文本对齐方式、文本控制、文字方向等几个选项区域，可以通过对齐标签设置文本的对齐方式，文本控制里可以设置合并单元格、自动换行等。

另外，对齐标签里还可以设置文字的方向与角度，如图 1-25 所示。

图 1-25　设置单元格格式下的对齐标签

3. 字体标签

字体标签里可以设置字体的样式，包括字体、字形、字号、特殊效果及字体的颜色等。

4. 边框标签

边框标签在 Excel 中是比较重要的。Excel 文档打印时默认是不带表格边框的，如果需要显示边框，则可以通过给 Excel 工作表设置边框来实现，还可以给边框设置颜色。斜线表头也可以通过斜线边框来制作，如图 1-26 所示。

图 1-26　设置单元格格式下的边框标签

另外，利用边框还可以产生三维效果，方法是将浅色作为背景色，以白色作为边框顶部和左部的颜色，黑色作为边框底部的颜色，这样就会产生凸的效果；反之，则产生凹的效果。

5. 填充标签

填充标签主要用于给单元格填充背景色或者背景图案，对于一些重要的需要标记的数据，用户可以设置填充背景。

6. 保护标签

保护标签需要结合【审阅】选项卡下【更改】组中的【保护工作表】选项使用，可以通过该设置让 Excel 工作表中部分单元格的数据无法进行修改。

当定义一个单元格格式后，又要把这个单元格格式用于另外的单元格时，使用【格式刷】能够快速地实现此功能。

（三）自动套用格式

在 Excel 中设计好表格以后，如果想快速美化单元格，可以通过 Excel 的自动套用表格格式功能来实现。具体操作方法如下：

第一步：打开一个设计好的 Excel 表格，然后选中需要设置表格格式的单元格区域。

第二步：选择【开始】选项卡下【样式】组中的【套用表格格式】选项，则会弹出如图 1-27 所示的各类表格格式的提示菜单。

图 1-27　套用表格格式的提示菜单

第三步：用户可以选择需要的表格格式，在弹出的【套用表格式】对话框中单击【确定】即可。

创建自动套用表格格式后，若不再需要该表格格式，可以将表格转换为常规工作表上的数据区域。将表格转换回区域后，表格功能将不再可用。例如，行标题不再包括排序和筛选箭头，而在公式中使用的结构化引用（使用表格名称的引用）将变成常规单元格引用。具体操作步骤如下：

单击表格中的任意位置，然后转到【表格工具】→【设计】，在【工具】组中单击【转换为区域】按钮，如图 1-28 所示。在弹出的对话框中单击【是】按钮即可，如图 1-29所示。

图 1-28　自动套用表格格式转换为普通区域

图 1-29　自动套用表格格式转换为普通区域对话框

五、打印工作表

Excel 工作表制作完成后，往往需要将其打印出来，要使打印的工作表更加美观，用户可以通过页面设置、打印设置和打印预览等对工作表进行调整。

（一）页面设置

页面设置包括页面、页边距、页眉/页脚、工作表四种设置。

1. 页面

打开需要打印的工作表，在【页面布局】选项卡中单击【页面设置】组中的按钮，打开【页面设置】对话框。在对话框的【页面】标签中对页面方向和纸张大小进行设置，如图 1-30 所示。

图 1-30 页面设置对话框

2. 页边距

在【页面设置】对话框中单击【页边距】标签打开该选项卡，在选项卡的【上】【下】【左】【右】调整框中输入数值，设置文本边界与页面四周边界的距离，如图 1-31 所示。完成设置后单击【确定】按钮关闭对话框即可。

图 1-31 页边距设置对话框

3. 工作表

在【页面设置】对话框中单击【工作表】标签打开该选项卡，如果用户希望每页都打印标题部分,在【顶端标题行】中选择页面标题即可实现,如图 1-32 所示。完成设置后单击【确定】按钮关闭对话框即可。

图 1-32　工作表设置对话框

(二) 打印预览与打印设置

1. 打印预览

打印工作表之前,最好先进行预览,以确保其外观符合需要。

在正式打印之前,用户可以单击【页面设置】对话框中的【打印预览】按钮或单击【文件】选项卡中的【打印】按钮,打开预览页面查看效果,如图 1-33 所示。

图 1-33　打印预览页面

2. 打印设置

◆ 若要更改打印机，可单击【打印机】下的下拉框，然后选择所需打印机。

◆ 若要更改页面设置，包括更改页面方向、纸张大小和页边距，可在【设置】下选择所需选项。

◆ 若要缩放整个工作表以适合单个打印页，可在【设置】下的【缩放】选项下拉框中选择所需选项。

◆ 若要打印活动工作表或整个工作簿或选定区域，可在【设置】下的【打印】选项下拉框中选择所需选项，如图 1-34 所示。

图 1-34　打印选项下拉框

◆ 设置完毕后，单击【打印】按钮即可。

> **提示**　如果工作表具有定义的打印区域，Excel 将仅打印该区域。如果不想打印定义的打印区域，须单击【忽略打印区域】。

任务三　Excel 的公式

公式是 Excel 工作表中进行数值计算的等式。简单的公式有加、减、乘、除等计算，复杂一些的公式包含常量、运算符、函数和引用。

一、公式概述

公式用于对工作表中的数据执行计算或其他操作。公式始终以等号"="开始，后面可以跟数字、数学运算符（如加号"+"或减号"-"用于加、减）和内置 Excel 函数，后者可以真正扩大公式的功能。

例如，公式"=5*7+3"，表示将5与7相乘，然后将结果与3相加，得出答案38。

（一）公式包含内容

1. 常量

常量是直接输入到公式中的数字或文本值，如"2"。常量是一个不通过计算得出的值，它始终保持不变。例如，日期"10/5/2010"、数字"100"及文本"销售数量"等都是常量。表达式或从表达式得到的值不是常量。如果在公式中使用常量而不是对单元格的引用（如"=30+70+50"），则仅在修改公式时结果才会变化。通常情况下，最好在各单元格中放置常量，然后在公式中引用这些单元格。

2. 函数

函数是通过特定值（又称参数）按特定顺序或结构执行计算的预定义公式。函数可用于执行简单或复杂的计算。例如，PI（）函数返回 pi 值 3.14159…。

3. 引用

引用的作用在于标识工作表上的单元格或单元格区域，并告知 Excel 在何处查找要在公式中使用的值或数据。例如，A2 返回单元格 A2 中的值。

4. 运算符

运算符可指定要对公式元素执行的计算类型。例如，"^"（脱字号）运算符表示数字的乘方，而"*"（星号）运算符表示数字的乘积。

（二）运算符

Excel 中的运算遵循常规数学规则，即包括括号、指数、加、减、乘、除等。运算符分为 4 种不同类型，即算术、比较、文本连接和引用。

1. 算术运算符

若要进行基本的数学运算（如加法、减法、乘法或除法）、合并数字及生成数值结果，可使用表 1-1 中的算术运算符。

表 1-1　算术运算符

算术运算符	含义	示例
+（加号）	加法	=6+6
-（减号）	减法	=66-6
*（星号）	乘法	=6*6
/（正斜杠）	除法	=6/6
%（百分号）	百分比	60%
^（脱字号）	乘方	=6^2

2. 比较运算符

可使用表 1-2 中的运算符比较两个值。使用这些运算符比较两个值时，结果为逻辑值 TRUE 或 FALSE。

表 1-2　比较运算符

比较运算符	含义	示例
=（等号）	等于	=A1=B1
>（大于号）	大于	=A1>B1
<（小于号）	小于	=A1<B1
>=（大于或等于号）	大于或等于	=A1>=B1
<=（小于或等于号）	小于或等于	=A1<=B1
<>（不等号）	不等于	=A1<>B1

3. 文本连接运算符

可以使用"&"（与号）连接一个或多个文本字符串，以生成一段文本，如表 1-3 所示。

表 1-3　文本连接运算符

文本连接运算符	含义	示例
&（与号）	将两个值连接（或串联）起来产生一个连续的文本值	="AB" & "CD" 的结果为 "ABCD"
		A1 代表 "江苏省"，B1 代表 "南京市"，则 =A1&B1 的结果为 "江苏省南京市"

4. 引用运算符

可以使用表 1-4 中的运算符对单元格区域进行合并计算。

表 1-4　引用运算符

引用运算符	含义	示例
：（冒号）	区域运算符，生成一个对两个引用之间所有单元格的引用（包括这两个引用）	A5：B15
，（逗号）	联合运算符，将多个引用合并为一个引用	=SUM（B1：B4，D1：D4）
（空格）	交集运算符，生成一个对两个引用中共有单元格的引用	=SUM（A1：C2　A2：C3）

(三) 计算次序

在某些情况下，执行计算的次序会影响公式的返回值。Excel 中的公式始终以等号 "=" 开头，将等号后面的字符解释为公式。等号后面是要计算的元素（即操作数），如常量或单元格引用，它们由运算符分隔。Excel 按照公式中每个运算符的特定顺序从左到右计算公式。

如果一个公式中有若干个运算符，Excel 将按表 1-5 中的次序进行计算。如果一个公式中的若干个运算符具有相同的优先顺序，Excel 将从左到右计算各运算符。若要更改求值的顺序，可将公式中要先计算的部分用括号括起来。

表 1-5　运算符优先顺序一览表

运算符（优先顺序由高到低）	说明
：（冒号）	引用运算符
（空格）	
，（逗号）	
-	负数（如-1）
%	百分比
^	乘方
* 和 /	乘和除
+ 和 -	加和减
&	连接两个文本字符串（串联）
=	比较
< >	
< =	
> =	

二、公式引用

引用的作用在于标识工作表上的单元格或单元格区域，并告知 Excel 在何处查找要在公式中使用的值或数据。用户可以通过引用在一个公式中使用同一张工作表不同部分包含的数据，或者使用同一工作簿中其他工作表上的单元格和其他工作簿中的数据，还可以在多个公式中使用同一个单元格的数据。引用其他工作簿中的单元格被称为链接或外部引用。

（一）A1 引用样式

Excel 默认使用 A1 引用样式，该引用样式引用字母标识列（从 A 到 XFD，共 16384 列）及数字标识行（从 1 到 1048576）。这些字母和数字被称为列标和行号。若要引用某个单元格，则输入列标和行号即可。例如，B2 表示引用列 B 和行 2 交叉处的单元格。

（二）引用同一工作簿中另一张工作表上的单元格或单元格区域

同一工作簿中用感叹号"!"将工作表引用与单元格区域引用分开，如 =SUM（工资!A1:A20）指计算同一工作簿中名为"工资"的工作表中的 A1:A20 区域内所有值的总和。

（三）引用方式

Excel 引用方式有三种：绝对引用、相对引用和混合引用。

1. 相对引用

公式中的相对单元格引用（如 A1）是基于包含公式和单元格引用的单元格的相对位置。如果公式所在单元格的位置改变，引用也随之改变。如果多行或多列地复制或填充公式，引用会自动调整。新公式默认使用相对引用。例如，如果将单元格 B2 中的相对引用复制或填充到单元格 B3，将自动从 =A1 调整到 =A2。

2. 绝对引用

公式中的绝对单元格引用（如 $A$1）总是在特定位置引用单元格。如果公式所在单元格的位置改变，绝对引用将保持不变。如果多行或多列地复制或填充公式，绝对引用将不做调整。新公式默认使用相对引用，如果有需要可以将它们转换为绝对引用。例如，如果将单元格 B2 中的绝对引用复制或填充到单元格 B3，则该绝对引用在两个单元格中一样，都是 =$A$1。

3. 混合引用

混合引用具有绝对列和相对行或绝对行和相对列。绝对引用列采用 $A1、$B1 等形式。绝对引用行采用 A$1、B$1 等形式。如果公式所在单元格的位置改变，则相对引用将改变，而绝对引用将不变。如果多行或多列地复制或填充公式，相对引用将自动调整，而绝对引用将不做调整。例如，如果将一个混合引用从单元格 A2 复制到 B3，它将从 =A$1 调整到 =B$1。

> **提示** 在使用引用时,默认是相对引用方式,如果想改为绝对引用,只需要在编辑栏选中公式,按【F4】键,就可以在绝对引用、混合引用及相对引用之间转换。

(四)三维引用样式

三维引用便于引用多张工作表。如果要分析同一工作簿中多张工作表上相同单元格或单元格区域中的数据,可使用此引用样式。三维引用包含单元格引用和区域引用,前面加上工作表名称的范围。例如,=SUM(Sheet2:Sheet13! B5)将计算 B5 单元格内包含的所有值的和,单元格取值范围是从工作表 2 到工作表 13。

> **提示** 三维引用不能用于数组公式中;不能与交集运算符(空格)一起使用;也不能在使用了绝对交集的公式中使用三维引用。

(五)R1C1 引用样式

对于 R1C1 引用样式而言,Excel 指出了行号在 R 后而列号在 C 后的单元格位置。该引用样式对于计算位于宏内的行和列的位置很有用。

三、使用名称

用户可以创建已定义名称来代表单元格、单元格区域、公式、常量或 Excel 表格。名称是一种有意义的简写形式,它更便于了解单元格、单元格区域、常量、公式或表格的用途。

1. 定义名称

有多种方法定义名称,可以单击【公式】选项卡下【定义的名称】组中的【定义名称】按钮进行定义,也可以选定区域后直接在名称框输入名称,按【Enter】键确认即可。例如,选择 A1:B17 区域,在名称框输入名称"GZB",按【Enter】键确认即可。

2. 管理名称

单击【公式】选项卡下【定义的名称】组中的【名称管理器】按钮,打开【名称管理器】对话框,可以对名称进行编辑、删除等操作,如图 1-35 所示。

图 1-35　名称管理器对话框

3. 使用名称

承上例，我们在计算 A1：B17 区域内所有值的和时可以用名称"GZB"来代替 A1：B17，即用公式"=SUM（GZB）"即可。

> **提示** 名称使用默认为绝对单元格引用。

四、使用数组

数组公式可以执行多项计算并返回一个或多个结果。数组公式对两组或多组名为数组参数的值执行运算。每个数组参数都必须有相同数量的行和列。除了用【Ctrl+Shift+Enter】组合键结束公式输入外，创建数组公式的方法与创建其他公式的方法相同。

数组公式的输入示例

（一）数组公式的输入

1. 输入数组常量

数组常量可以包含数字、文本、TRUE 或 FALSE 等逻辑值、#N/A 等错误值。同一个数组常量中可以包含不同类型的值，如 {1，3，4；TRUE，FALSE，TRUE}。数组常量中的数字可以使用整数、小数或科学记数格式；文本必须包含在半角的双引号内，如"Tuesday"。

【例题 1】 在同一行输入数组常量。在 A1 到 D1 区域输入数组常量"10，20，30，40"，操作步骤为：选定 A1 到 D1 区域，在编辑栏输入公式"＝{10，20，30，40}"，按【Ctrl+Shift+Enter】组合键结束，如图 1-36 所示。

图 1-36 在同一行输入数组常量演示

> 提示：输入时，用逗号将不同列的值分隔开。

【例题 2】 在不同行输入数组常量。在 A1 到 D2 区域输入数组常量"10，20，30，40，50，60，70，80"，操作步骤为：选定 A1 到 D2 区域，在编辑栏输入公式"＝{10，20，30，40；50，60，70，80}"按【Ctrl+Shift+Enter】组合键结束，如图 1-37 所示。

图 1-37 在不同行输入数组常量演示

> 提示：输入时，用分号将不同行的值分隔开。

2. 输入数组公式

在使用函数进行数据计算时，有时计算的对象是某个计算结果，此时则必须使用数组公式来进行处理。使用数组公式可以以一个数组公式来实现需要分别使用多个公式才能实现的功能，能够有效地简化工作表。

下面以按照权重计算总成绩为例来介绍创建计算单个结果的数组公式的方法。

第一步：在工作表的单元格中输入学生平时、期中和期末成绩。

第二步：选中 E3 到 E9 单元格区域，在编辑栏中输入公式"＝B3：B9＊30%+C3：C9＊30%+D3：D9＊40%"，按【Ctrl+Shift+Enter】组合键创建数组公式，此时编辑栏中公式的外侧添加了"{ }"，单元格中显示了计算结果。如图 1-38 所示。

图 1-38　创建计算单个结果的数组公式演示

> **提示**：输入数组公式时，Excel 会自动在"{ }"（大括号）之间插入公式。如果尝试自己输入大括号，Excel 会将公式作为文本显示。

（二）数组公式的编辑

不能单独编辑、清除或移动数组公式中涉及的单元格区域的某一单元格，若要修改可按以下操作步骤进行：

第一步：如果已输入的是一个单个单元格数组公式，则选择单元格，按【F2】键进行更改，然后按【Ctrl+Shift+Enter】组合键确认。

第二步：如果已输入的是一个多单元格数组公式，则选择所有单元格，按【F2】键，修改时应遵循以下规则：

◆ 不能移动包含该公式的单个单元格，但是可以以组的形式移动所有这些单元格，而且公式中的单元格引用也将随之改变。若要移动它们，应选择所有这些单元格，按下【Ctrl+X】组合键，选择新位置，然后按下【Ctrl+V】组合键。

◆ 不能删除数组公式中的单元格，但可以删除整个公式并重新开始编辑。

◆ 不能向结果单元格中添加新的单元格，但可以将新数据添加到工作表，然后展开公式。

◆ 完成更改后，按下【Ctrl+Shift+Enter】组合键确认。

任务四　Excel 相关函数

函数是通过特定值（又称参数）按特定顺序或结构执行计算的预定义公式。函数可用于执行简单或复杂的计算。用户可在功能区的【公式】选项卡上找到 Excel

的所有函数，如图 1-39 所示。

图 1-39　公式选项卡下的 Excel 函数

一、函数概述

（一）函数语法

1. 结构

函数的结构以等号"="开始，后面紧跟函数名称和左括号，然后以逗号分隔输入该函数的参数，最后以右括号结束，如=SUM（A1，A2，A3）。

2. 函数名称

如果要查看可用函数的列表，可单击某个单元格并按【Shift+F3】组合键，打开【插入函数】对话框，或者单击【公式】选项卡下【函数库】组中的【插入函数】按钮也可以打开该对话框，如图 1-40 所示。

图 1-40　插入函数对话框

3. 参数

参数可以是数字、文本、TRUE 或 FALSE 等逻辑值、数组、错误值（如#N/A）或单元格引用，也可以是公式或其他函数。指定的参数都必须为有效参数值。

4. 参数工具提示

在输入函数时，会出现一个带有语法和参数的工具提示。例如，输入"=SUM（"时，会出现工具提示。工具提示仅在使用内置函数时才会出现。

（二）输入 Excel 函数

1. 使用函数对话框

如果创建带函数的公式，可使用【插入函数】对话框帮助输入工作表函数。在【插入函数】对话框中选择函数后将启动函数向导，弹出【函数参数】对话框，该对话框会显示函数的名称、各个参数、函数及各参数的说明、函数的当前结果，以及整个公式的当前结果，如图 1-41 所示。

图 1-41 函数参数对话框

2. 使用公式自动完成

如果想更轻松地创建和编辑公式，同时最大限度地减少输入和语法错误，可使用公式自动完成功能。输入"="和函数开头的几个字母后，Excel 会显示一个动态下拉列表，列表中包含与这几个字母相匹配的有效函数，这时可从下拉列表中选择一项，如图 1-42 所示。

使用公式自动完成示例

图 1-42　公式自动完成动态下拉列表

(三) 嵌套 Excel 函数

在某些情况下，可能需要将某函数用作另一函数的参数。例如，以下公式使用嵌套的 AVERAGE 函数并将结果与值 50 进行比较，如图 1-43 所示。

图 1-43　嵌套 Excel 函数演示

AVERAGE 函数和 SUM 函数嵌套在 IF 函数中。

1. 有效返回值

当将嵌套函数作为参数使用时，该嵌套函数返回的值类型必须与参数使用的值类型相同。例如，如果参数返回一个 TRUE 或 FALSE 值，那么嵌套函数也必须返回一个 TRUE 或 FALSE 值；否则，Excel 会显示"#VALUE!"（错误值）。

2. 嵌套级别限制

一个公式可包含多达 7 级的嵌套函数。如果将一个函数（称此函数为 B）用作另一函数（称此函数为 A）的参数，则函数 B 就为第二级函数。例如，如果同时将 AVERAGE 函数和 SUM 函数用作 IF 函数的参数，则 AVERAGE 函数和 SUM 函数均为第二级函数。在嵌套的 AVERAGE 函数中嵌套的函数则为第三级函数，依此类推。

二、常用函数及应用

本节仅对部分常用函数的应用进行说明，其他有关函数将在以后有关章节中分别予以介绍。

1. SUM 函数

功能：计算单元格区域中所有数值的和。

语法：SUM（number1，[number2],…）。

参数说明：

number1：表示要求和的第 1 个数字，可以是直接输入的数字、单元格引用或数组。

number2,…：表示要求和的第 2—255 个数字，可以是直接输入的数字、单元格引用或数组。

【例题 3】 假设工作表中共有 50 个人的数据，首行为标题，A 列是部门，B 列是姓名，C 列是年龄，D 列是工资，要计算所有员工的工资总和，就单击单元格 D52，输入公式"=SUM(D2：D51)"，按【Enter】键确认，即可完成计算。

2. SUMIF 函数

功能：对满足条件的单元格求和。

语法：SUMIF（range，criteria，[sum_range]）。

参数说明：

range：必需，根据条件进行计算的单元格区域。每个区域中的单元格必须是数字或名称、数组或包含数字的引用。空值和文本值将被忽略。

criteria：必需，用于确定对哪些单元格求和的条件，其形式可以为数字、表达式、单元格引用、文本或函数。例如，条件可以表示为"32"">32""B5""工程师"等。可以在 criteria 参数中使用通配符（包括问号"?"和星号"*"）。

> **提示** 任何文本条件或任何含有逻辑符号或数学符号的条件都必须使用一对双引号括起来。如果条件为数字，则无须使用双引号。

sum_range：必需，求和的实际单元格区域，如果省略 sum_range 参数，Excel 会对在 range 参数中指定的单元格区域（即应用条件的单元格区域）求和。

【例题 4】 假设工作表中共有 50 个人的数据，首行为标题，A 列是部门，B 列是姓名，C 列是年龄，D 列是工资，要计算财务部所有员工的工资总和，就单击单元格 D52，输入公式"=SUMIF（A2：A51，"财务部"，D2：D51）"，按【Enter】键确认后，就可得到计算结果。

【例题 5】 承上例，要计算年龄大于等于 50 岁的员工的工资总和，就单击单元格 D52，输入公式"=SUMIF（C2：C51，">=50"，D2：D51）"，按【Enter】键确认后，就可得到计算结果。

3. AVERAGE 函数

功能：计算所有参数的算术平均值。

语法：AVERAGE（number1，[number2]，…）。

参数说明：number1，number2，… 是要计算平均值的1—30个参数。

【例题6】 如果单元格 D1 到 D5 的数值分别为 1 000、700、920、470 和 820，则在下方的单元格中输入公式"=AVERAGE（D1：D5）"，按【Enter】键确认后，计算结果为 782。

【例题7】 如果把单元格 A1 到 A5 区域命名为"平均值"，其中的数值分别为 100、70、92、47 和 82，则在下方的单元格中输入公式"=AVERAGE（平均值）"，按【Enter】键确认后，计算结果为 78.2。

4. AVERAGEIF 函数

功能：返回某个区域内满足给定条件的所有单元格的平均值（算术平均值）。

语法：AVERAGEIF（range，criteria，[average_range]）。

参数说明：

range：必需，要计算平均值的一个或多个单元格，其中包含数字或包含数字的名称、数组或引用。

criteria：必需，形式为数字、表达式、单元格引用或文本的条件，用来定义将计算平均值的单元格。

average_range：可选，计算平均值的实际单元格区域。如果省略，则使用 range 参数中指定的单元格区域。

> 提示 忽略区域中包含 TRUE 或 FALSE 的单元格、空单元格。

【例题8】 假设工作表中共有 50 个人的数据，首行为标题，A 列是部门，B 列是姓名，C 列是年龄，D 列是工资，要计算财务部所有员工的平均工资，就单击单元格 D52，输入公式"= AVERAGEIF(A2:A51,"财务部",D2:D51)"，按【Enter】键确认后，就可得到计算结果。

5. COUNT 函数

功能：计算给定单元格区域或参数列表中包含数字的单元格个数。使用 COUNT 函数可获取区域中或一组数字中的数字字段中条目的个数。

语法：COUNT（value1，[velue2]，…）。

参数说明：

value1：必需，要计算其中数字的个数的第一项、单元格引用或区域。

Value2,…：可选，要计算其中数字的个数的其他项、单元格引用或区域，最多可包含 255 个。

> **提示** 这些参数可以包含或引用各种类型的数据，但只有数字类型的数据才被计算在内。

【例题 9】 计算单元格 A1 到 A20 区域中数字的个数，如果此区域中有 10 个单元格包含数字，在下方的单元格中输入公式"=COUNT(A1:A20)"，则答案就为 10。

6. COUNTIF 函数

功能：计算某个区域中满足给定条件的单元格数目。

语法：COUNTIF（range，criteria）。

参数说明：

range：必需，要进行计数的单元格区域，其中可以包含数字、数组、命名区域或包含数字的引用。空白和文本值将被忽略。

criteria：必需，用于确定对哪些单元格进行统计的条件，其形式可以为数字、表达式、单元格引用或文本字符串。

【例题 10】 统计单元格 D2 到 D100 区域中包含"工程师"的单元格数量。如果这个区域有 30 个包含"工程师"的单元格，在下方的单元格中输入公式"=COUNTIF(D2:D100,"工程师")"，则结果为 30。

7. IF 函数

功能：根据对指定条件的逻辑判断的真假结果，返回相对应的内容。

语法：IF(logical_test,[value_if_true],[value_if_false])。

参数说明：

logical_test：进行判断的条件。

value_if_true：条件判断结果为 TRUE 时返回的结果。

value_if_false：条件判断结果为 FALSE 时返回的结果。

【例题 11】 假如在单元格 C29 中输入公式"=IF(C26>=18,"符合要求","不符合要求")"，按【Enter】键确认后，如果单元格 C26 中的数值大于或等于 18，则单元格 C29 显示"符合要求"字样，反之显示"不符合要求"字样。

嵌套说明：IF 语句非常强大，可以利用嵌套来实现复杂的多重判断。虽然 Excel 允许最多嵌套 64 个不同的 IF 函数，但不建议这样做，原因如下：一是多个 IF 语句要求大量思维正确生成，并确保其逻辑可以正确计算通过一直到结尾的每个条件；二是多个 IF 语句会变得非常难以维护。

8. ROW 函数

功能：返回指定单元格引用的行号。

语法：ROW([reference])。

参数说明：

reference：可选，需要返回其行号的单元格或单元格区域。

> 提示：如果省略参数 reference，则假定是对函数 ROW 所在单元格的引用。

如果 reference 参数为一个单元格区域，并且 ROW 函数作为垂直数组输入，则 ROW 函数将以垂直数组的形式返回 reference 参数的行号。

reference 参数不能引用多个区域。

【例题 12】 在单元格 D9 中输入公式" =ROW()"，则返回数字 9。

9. COLUMN 函数

功能：返回指定单元格引用的列号。

语法：COLUMN([reference])。

参数说明：

reference：可选，需要返回其列号的单元格或单元格区域。

> 提示：如果省略参数 reference 或该参数为一个单元格区域，并且 COLUMN 函数是以水平数组公式的形式输入的，则 COLUMN 函数将以水平数组的形式返回参数 refererce 的列号。

【例题 13】 在单元格 D9 中输入公式" =COLUMN()"，则返回数字 4。

10. RANK 函数

功能：返回某一数字在一列数字中相对于其他数值的大小排名。

语法：RANK(number,ref,[order])。

参数说明：

number：必需，要找到其排名的数字。

ref：必需，数字列表的数组，对数字列表的引用。ref 中的非数字值会被忽略。

order：可选，一个指定数字排名方式的数字。

> 提示：如果 order 为 0（零）或省略，Excel 对数字的排名是基于 ref 按照降序排列的列表；如果 order 不为零，Excel 对数字的排名是基于 ref 按照升序排列的列表。

RANK 函数赋予重复数相同的排名，但重复数的存在将影响后续数字的排名。例如，在按升序排序的整数列表中，如果数字 10 出现两次，且其排名为 5，则数字 11 的排名为 7（没有排名为 6 的数值）。

【例题 14】 根据图 1-44 中 B 列的数据进行销售量排名。在单元格 C2 中输入公式"=RANK(B2,$B$2:$B$8)"，按【Enter】键确认，然后向下填充复制到单元格 C8，计算结果如图 1-44 所示。

注意：这里的区域用的是绝对引用。

图 1-44 RANK 函数应用演示

三、Excel 2010 的退出工作界面

Excel 2010 软件的退出有以下四种方法：

（1）单击 Excel 窗口右上角的控制按钮×，即可退出 Excel。

（2）双击 Excel 窗口左上角的 Office 控制按钮 ，即可退出 Excel。

图 1-45 Office 控制按钮提示菜单

（3）单击 Office 控制按钮 →单击【关闭】按钮，即可退出 Excel，如图 1-45 所示。

（4）按【Alt+F4】组合键也可退出 Excel。

思考与练习

一、数据快速录入

1. 建立工作簿，文件名为"实践训练一"。
2. 建立工作表，名称为"数据快速录入表"。

3. 数据快速录入。

（1）在 A 列输入 3，6，9…，最后一个数小于 100。

（2）在 B 列输入 3，6，12…，最后一个数小于 20 000。

（3）在 C 列输入 2010 年 6 月份所有的工作日。

（4）建立自定义序列"北京，上海，天津，重庆"。

（5）在 D 列按序列输入"北京，上海，天津，重庆"，重复 3 次。

操作结果如图 1-46 所示。

	A	B	C	D
1	等差录入	等比录入	工作日录入	序列录入
2	3	3	2010/6/1	北京
3	6	6	2010/6/2	上海
4	9	12	2010/6/5	天津
5	12	24	2010/6/6	重庆
6	15	48	2010/6/7	北京
7	18	96	2010/6/8	上海
8	21	192	2010/6/9	天津

图 1-46　数据快速录入表操作要求

二、格式设置

1. 建立工作表，名称为"记账凭证表"。

2. 按图 1-47 给出的格式建立表格。

图 1-47　记账凭证表格式设置要求

3. 定义合计公式，要求无数据时不显示"0.00"。

4. 制单日期取当前日期。

5. 合计栏设置为"¥"格式。

6. 把"记账凭证表"存为 Excel 模板。

三、工作表设置

1. 对"数据快速录入表"进行打印设置。

（1）页面：设置为 A4 纸张，80%。

（2）页边距：【上】【下】【左】【右】均为 2。

（3）工作表：设置顶端打印标题"标题行"。

2. 设置工作簿文件"实践训练一"打开密码为"123456"。

3. 设置工作表与单元格的保护。

4. 练习窗口的拆分与冻结。

四、公式和函数

根据图 1-48 资料，完成以下操作。

1. 计算职称为高级的人员的实发工资总额。

2. 计算职称为中级的人员的平均实发工资。

3. 统计职称为高级的人员的人数。

4. 计算销售部人员的实发工资总额。

5. 统计工资大于等于 6 000 的人员的人数。

6. 计算实发工资排名。

	A	B	C	D	E
1	编号	部门	职称	实发工资	工资排名
2	001	管理部	高级	8 633	7
3	002	销售部	初级	5 673	9
4	003	生产部	中级	7 178	8
5	004	生产部	中级	9 166	4
6	005	销售部	高级	11 046	3
7	006	销售部	中级	8 705	6
8	007	管理部	中级	13 575	2
9	008	销售部	中级	9 166	4
10	009	管理部	高级	16 647	1
11	010	生产部	初级	4 620	10

图 1-48 公式和函数计算资料

计算结果如图 1-49 所示。

G	H	I
题目要求	计算结果	计算公式
1.计算职称为高级的人员的实发工资总额。	36 326	=SUMIF(C2:C11,"高级",D2:D11)
2.计算职称为中级的人员的平均实发工资。	9 558	=AVERAGEIF(C2:C11,"中级",D2:D11)
3.统计职称为高级的人员的人数。	3	=COUNTIF(C2:C11,"高级")
4.计算销售部人员的实发工资总额。	34 590	=SUMIF(B2:B11,"销售部",D2:D11)
5.统计工资大于等于6000的人员的人数。	8	=COUNTIF(D2:D11,">=6000")
6.计算实发工资排名。	7	单元格E2=RANK(D2,$D$2:$D$11)

图 1-49 公式和函数计算结果

项目二　Excel 在货币时间价值中的应用

学习目的

理解货币时间价值的相关概念、术语，掌握财务管理中现值、终值、年金、利率的基本内容与计算方法，熟练掌握 Excel 中与财务管理相关的函数的功能和用法，并能利用这些函数解决实际工作中的问题，结合养老金计算、贷款计划等案例，提升分析货币时间价值应用的能力。

任务一　货币时间价值概述

一、相关概念

货币时间价值是经济学中的一个重要概念，在金融、财务方面也非常重要。可通过掌握 Excel 在货币时间价值中的应用，充分利用 Excel 函数快速解决货币时间价值中的计算问题。

1. 货币时间价值的含义

货币时间价值又称资金时间价值，是指货币经历一定时间的投资和再投资所增加的价值。货币时间价值是资金周转使用发生的增值额；是资金所有者让渡资金使用权而参与社会财富分配的一种形式；相当于没有通货膨胀和风险条件下的社会平均资金利润率。对于资金所有者来说，货币时间价值表现为让渡资金使用权所要求的最低报酬。对于资金使用者来说，货币时间价值表现为使用资金而必须支付给资金所有者的成本。根据货币具有时间价值的理论，可以将某一时点的货币价值金额折算为其他时点的价值金额。

2. 本金

本金（Principal）即贷款、存款或投资在计算利息之前的原始金额。本金在财务管理中称为现值，是指未来某一时点上的一定量资金折算到现在所对应的金额。

3. 单利和复利

① 单利（Simple Interest），是指按照固定本金计算利息，而本金所产生的利息不再计算利息。简单来说就是利不生利。

单利终值的计算公式（已知现值 P，求终值 F）为：

$$F = P \times (1 + i \times n)$$

单利现值的计算公式（已知终值 F，求现值 P）为：

$$P = F / (1 + i \times n)$$

② 复利（Compound Interest），是指把上一期的本金和利息作为下一期的本金来计算利息。简单来说就是利滚利。

复利终值的计算公式（已知现值 P，求终值 F）为：

$$F = P \times (1 + i)^n$$

复利现值的计算公式（已知终值 F，求现值 P）为：

$$P = F / (1 + i)^n$$

4. 现值和终值

① 现值（Present Value），是指未来某一时点上的一定量资金折算到现在所对应的金额。在 Excel 中，现值的函数名为 PV。

② 终值（Final Value），是指现在一定量资金折算到未来某一时点所对应的金额。在 Excel 中，终值的函数名为 FV。

现值计算题例

终值计算题例

现值和终值是一定量资金在前后两个不同时点上对应的价值，其差额即为资金的时间价值。

5. 年金

年金（Annuity），是指间隔期相等的系列等额收付款。年金包括普通年金、预付年金、递延年金、永续年金等形式。在 Excel 中，年金的函数名为 PMT。

① 普通年金是年金的最基本形式，它是指从第一期起，在一定时期内每期期末等额收付的系列款项，又称后付年金。

普通年金终值是指一定时期内每期期末收付款项的复利终值之和，计算公式（已知年金 A，求年金终值 F）为：

$$F = A \times (F/A, i, n)$$

普通年金现值是指一定时期内每期期末收付款项的复利现值之和，计算公式（已知年金 A，求年金现值 P）为：

$$P = A \times (P/A, i, n)$$

② 预付年金是指从第一期起,在一定时期内每期期初等额收付的系列款项,又称先付年金或即付本金。

预付年金终值是指一定时期内每期期初等额收付款项的复利终值之和,计算公式(已知年金 A,求年金终值 F)为:

$$F = A \times (F/A, i, n) \times (1+i) = A \times [(F/A, i, n+1) - 1]$$

预付年金现值是指一定时期内每期期初等额收付款项的复利现值之和,计算公式(已知年金 A,求年金现值 P)为:

$$P = A \times (P/A, i, n) \times (1+i) = A \times [(P/A, i, n-1) + 1]$$

预付年金与普通年金的区别仅在于收付款时间的不同,普通年金发生在期末,而预付年金发生在期初。

③ 递延年金是指第一次收付款发生时间不是发生在第一期,而是隔若干期后才开始发生的系列等额收付款项。

④ 永续年金是指无限期等额收付的年金,即一系列没有到期日的现金流。

永续年金现值的计算公式(已知年金 A,求年金现值 P)为:

$$P = A/i$$

在年金中,系列等额收付的间隔期间只需要满足相等的条件即可,间隔期间可以不是一年。

6. 现值和终值的计算公式

为了帮助大家更好地理解上述概念,下面给出单利、复利和年金对应的现值和终值计算公式,其中,P 为现值,F 为终值,A 为年金,i 为利率,n 为时间(计算利息的期数),如表 2-1 所示。

表 2-1 现值和终值公式一览表

单利	终值	$F = P \times (1 + n \times i)$
	现值	$P = F/(1 + n \times i)$
复利	终值	$F = P \times (1+i)^n$
	现值	$P = F/(1+i)^n$
普通年金	终值	$F = A \times (F/A, i, n)$ 在普通年金终值计算公式中,如果已知年金终值求年金,则求出的年金被称为偿债基金 即:偿债基金=普通年金终值×偿债基金系数 偿债基金系数与年金终值系数互为倒数
	现值	$P = A \times (P/A, i, n)$ 在普通年金现值计算公式中,如果已知年金现值求年金,则求出的年金被称为资本回收额 即:资本回收额=普通年金现值×资本回收系数 资本回收系数与年金现值系数互为倒数

续表

预付年金	终值	$F = A \times (F/A, i, n) \times (1+i)$ $\quad = A \times [(F/A, i, n+1) - 1]$
	现值	$P = A \times (P/A, i, n) \times (1+i)$ $\quad = A \times [(P/A, i, n-1) + 1]$
递延年金	终值	$F = A \times (F/A, i, n)$，其中 n 是指 A 的个数，与递延期无关
	现值	计算方法一：先将递延年金视为 n 期普通年金，求出在 m 期期末普通年金现值，然后再将此年金现值按求复利现值的方法折算到第一期期初 $P_0 = A \times (P/A, i, n) \times (P/F, i, m)$ 计算方法二：先计算 $m+n$ 期年金现值，再减去 m 期年金现值 $P_0 = A \times [(P/A, i, m+n) - (P/A, i, m)]$ 计算方法三：先求递延年金终值，再折现为现值 $P_0 = A \times (F/A, i, n) \times (P/F, i, m+n)$
永续年金	终值	无终值
	现值	$P = A/i$

二、相关函数应用

（一）PMT 函数

1. PMT 函数相关要点

功能：计算在固定利率及等额分期还款方式下，返回贷款的每期付款额。PMT 函数即年金函数。

语法：PMT(rate, nper, pv, [fv], [type])。

参数说明：

rate：必需，表示贷款利率。

nper：必需，表示该项贷款的付款总期数。

pv：必需，表示现值，或一系列未来付款额折算到现在的金额，也叫本金。

fv：可选，表示终值，或在最后一次付款后希望得到的现金余额。如果省略 fv，则假定其值为 0，即贷款的终值是 0。

type：可选，表示类型，用以指定各期的付款时间是在期初还是期末。数字"0"或省略表示期末，数字"1"表示期初。

> **提示** PMT 返回的每期付款额包括本金和利息，但不包括税金、准备金，也不包括某些与贷款有关的费用。

指定 rate 和 nper 所用的单位是一致的。如以 10%的年利率按月支付一笔 5 年期的贷款，则 rate 应为 10%/12，nper 应为 5*12。如果按年支付同一笔贷款，则 rate 应为 10%，nper 应为 5。

要求出贷款期内的已付款总额，可以将返回的 PMT 值乘以 nper。

2. 案例分析

金腾集团准备购买一台设备，价值为 80 万元，与供货方商定采用分期付款方式，5 年付清设备款，年利率为 7%，每个月月底支付。要计算每个月月底的付款额，可按以下操作步骤进行：

PMT 函数计算题例

第一步：打开 Excel 工作簿窗口。

第二步：在 Excel 工作表中选择要输入函数的单元格。

第三步：单击【公式】选项卡，在【函数库】组中选择【财务】选项。

第四步：单击【财务】选项，在弹出的下拉菜单中选择【PMT】函数，如图 2-1 所示。

图 2-1 插入 PMT 函数的下拉菜单

第五步：单击【PMT】按钮后，打开【函数参数】对话框，输入相关数值，如图 2-2 所示。单击【确定】按钮后即可得出结果。

图 2-2　PMT 函数参数对话框

金腾集团每月月末需要支付 15 840.96 元。

(二) PV 函数

1. PV 函数相关要点

功能：用于根据固定利率计算贷款或投资的现值。可以将 PV 与定期付款、固定付款（如按揭或其他贷款）或投资目标的终值结合使用。

语法：PV(rate,nper,pmt,[fv],[type])。

参数说明：

rate：必需，表示各期利率。例如，如果您获得年利率为 8% 的汽车贷款，并且每月还款一次，则每月的利率为 8%/12。您需要在公式中输入 "8%/12" 作为 rate。

nper：必需，表示该项贷款的偿还总期数。例如，如果您获得为期 6 年的汽车贷款，每月还款一次，则贷款总期数为 6*12。您需要在公式中输入 "6*12" 作为 nper。

pmt：必需，表示每期的付款金额，在整个贷款期内不能更改。通常情况下，pmt 包括本金和利息，但不含其他费用或税金。例如，对于金额为 150 000 元、利率为 8% 的 6 年期汽车贷款，每月付款为 2 629.99 元。您需要在公式中输入 "-2 629.99" 作为 pmt。如果省略 pmt，则必须包括 fv 参数。

fv：可选，表示终值，或在最后一次付款后希望得到的现金余额。如果省略 fv，则假定其值为 0（如贷款的终值是 0）。例如，如果要在 10 年中为支付某个特殊项目而储蓄200 000 元，则 "200 000" 就是 fv。然后，您可以对利率进行保守的猜测，并确定每月必须储蓄的金额。如果省略 fv，则必须包括 pmt 参数。

type：可选，表示类型，用以指定各期的付款时间是在期初还是期末。数字 "0" 或省略表示期末，数字 "1" 表示期初。

> 提示：指定 rate 和 nper 所用的单位是一致的。

2. PV 函数输入的一般操作步骤

第一步：打开 Excel 工作簿窗口。

第二步：在 Excel 工作表中选择要输入函数的单元格。

第三步：单击【公式】选项卡，在【函数库】组中选择【财务】选项。

第四步：单击【财务】选项，在弹出的下拉菜单中选择【PV】函数，如图 2-3 所示。

图 2-3　插入 PV 函数的下拉菜单

第五步：在弹出的【函数参数】对话框中进行所选函数参数的输入，如图 2-4 所示。

图 2-4　PV 函数参数对话框

第六步：参数输入完毕后，单击【确定】按钮完成函数输入。

3. 案例分析

小陈准备 6 年后买车，需要首付 15 万元，假定银行复利年利率为 6%，问现在小陈需要存入银行多少钱？

按上例步骤，插入 PV 函数，其对话框如图 2-5 所示。

图 2-5　PV 函数参数对话框中的参数设置

小陈现在需要存入银行 105 744.08 元。

（三）FV 函数

1. FV 函数相关要点

功能：基于固定利率和等额分期付款方式，返回某项投资的终值。可以将 FV 与定期付款、固定付款或一次性付款结合使用。

语法：FV(rate,nper,pmt,[pv],[type])。

参数说明：

rate：必需，表示各期利率。

nper：必需，表示该项投资总的付款期数。

pmt：必需，表示各期所应支付的金额，在整个投资期间保持不变。通常情况下，pmt 包括本金和利息，但不包括其他费用或税金。如果省略 pmt，则必须包括 pv 参数。

pv：可选，表示现值，或一系列未来付款当前值的累积和。如果省略 pv，则假定其值为 0，并且必须包括 pmt 参数。

type：可选，表示类型，用以指定各期的付款时间是在期初还是期末。数字"0"或省略表示期末，数字"1"表示期初。

> **提示**：指定 rate 和 nper 所用的单位是一致的。

对于所有参数，支出的款项，如银行存款，以负数表示；收入的款项，如股息支票，以正数表示。

2. FV 函数输入的一般操作步骤

第一步：打开 Excel 工作簿窗口。

第二步：在 Excel 工作表中选择要输入函数的单元格。

第三步：单击【公式】选项卡，在【函数库】组中选择【财务】选项，或者直接在【插入函数】对话框中选择【财务】函数，如图 2-6 所示。

图 2-6　插入函数对话框下选择 FV 函数

第四步：单击【财务】选项，弹出的下拉菜单中显示该大类包括的所有函数，从中选择我们当前需要输入的终值函数，如图 2-7 所示。

第五步：单击【FV】按钮，在弹出的【函数参数】对话框中输入参数。

第六步：参数输入完毕后，单击【确定】按钮完成函数输入。

图 2-7 插入 FV 函数的下拉菜单

3. 案例分析

小陈现在每个月初在银行存 5 000 元，假定银行复利年利率为 6%，问 8 年后小陈在银行有多少钱？

按上例步骤，插入 FV 函数，其对话框如图 2-8 所示。

图 2-8　FV 函数参数对话框中的参数设置

8 年后小陈在银行有 617 213.42 元。

(四) RATE 函数

1. RATE 函数相关要点

功能：返回投资或贷款的每期实际利率，是通过迭代计算的，可以有零或多个解法。如果在 20 次迭代之后，RATE 的相邻两次结果不能收敛于 0.000 000 1 之内，则 RATE 返回错误值"#NUM!"。

语法：RATE(nper,pmt,pv,[fv],[type],[guess])。

参数说明：

nper：必需，表示该项投资或贷款的付款总期数。

pmt：必需，表示每期的付款金额，在整个投资期或付款期内不能更改。通常情况下，pmt 包括本金和利息，但不含其他费用或税金。如果省略 pmt，则必须包括 fv 参数。

pv：必需，表示现值，或一系列未来付款当前值的总和。

fv：可选，表示终值，或在最后一次付款后希望得到的现金余额。如果省略 fv，则假定其值为 0（如贷款的未来值是 0）。如果省略 fv，则必须包括 pmt 参数。

type：可选，表示类型，用以指定各期的付款时间是在期初还是期末。数字"0"或省略表示期末，数字"1"表示期初。

guess：可选，表示预期利率。如果省略 guess，则假定其值为 10%。如果 RATE 不能收敛，请尝试不同的 guess 值。如果 guess 在 0 和 1 之间，RATE 通常会收敛。

> **提示** 指定 guess 和 nper 所用的单位是一致的。如果贷款期为 5 年（年利率 12%），每月还款一次，则 guess 使用 12%/12，nper 使用 5*12。如果对相同贷款每年还款一次，则 guess 使用 12%，nper 使用 5。

2. 案例分析

有人向小王推销一种理财产品，现在存 6 万元，3 年后可以拿到 18 万元，请问小王可以投资吗？

按上例步骤，插入 RATE 函数，其对话框如图 2-9 所示。

RATE 函数计算题例

图 2-9　RATE 函数参数对话框中的参数设置

从计算结果可以看出，年利率高达 44.22%。这种投资不一定是馅饼，也可能是陷阱，小王还是谨慎为好。

(五) NPER 函数

1. NPER 函数相关要点

功能：基于固定利率及等额分期付款方式，返回某项投资或贷款的总期数。

语法：NPER(rate,pmt,pv,[fv],[type])。

参数说明：

rate：必需，表示各期利率。

pmt：必需，表示各期所应支付的金额，在整个投资期或付款期内保持不变。通常情况下，pmt 包括本金和利息，但不包括其他费用或税金。

pv：必需，表示现值，或一系列未来付款当前值的累积和。

fv：可选，表示终值，或在最后一次付款后希望得到的现金余额。如果省略 fv，则假定其值为 0（如贷款的终值是 0）。

type：可选，表示类型，用以指定各期的付款时间是在期初还是期末。数字"0"或省略表示期末，数字"1"表示期初。

2. 案例分析

小王准备分期付款购买一辆汽车，价值 18 万元，车贷年利率为 3%，每个月月初支付 3 000 元，问小张多长时间能还清贷款？

NPER 函数计算题例

按上例步骤，插入 NPER 函数，其对话框如图 2-10 所示。

图 2-10 NPER 函数参数对话框中的参数设置

从计算结果可以看出，小王需 64.91 个月能还清贷款。

（六）PPMT 函数

1. PPMT 函数相关要点

功能：返回在定期偿还、固定利率条件下给定期数内某项投资（或贷款）的本金偿付额。

语法：PPMT(rate,per,nper,pv,[fv],[type])。

参数说明：

rate：必需，表示各期利率。

per：必需，表示指定期数，该值必须在 1 到 nper 范围内。

nper：必需，表示该项投资（或贷款）的付款总期数。

pv：必需，表示现值，或一系列未来付款当前值的累积和。

fv：可选，终值，或在最后一次付款后希望得到的现金余额。如果省略 fv，则假定其值为 0（如贷款的终值是 0）。

type：可选，表示类型，用以指定各期的付款时间是在期初还是期末。数字"0"或省略表示期末，数字"1"表示期初。

> 提示：指定 rate 和 nper 所用的单位是一致的。

2. 案例分析

金腾集团向银行取得借款 8 000 万元，期限为 5 年，年利率为 12%，与银行约定以等额分期付款方式每期期末偿付借款，则每年的本金偿还额为多少？

可以利用 PPMT 函数制作各年本金偿还额计划表，操作步骤如下：

PPMT 函数计算题例

第一步：设计表格，如图 2-11 所示。

	A	B	C
1	贷款项（万元）	年利率	期限
2	8 000	12%	5
3	本金利息偿还表		
4	年	偿还本金	偿还利息
5	1		
6	2		
7	3		
8	4		
9	5		

图 2-11 各年本金和利息偿还计划表

第二步：在单元格 B5 中插入财务函数 PPMT，参数设置如图 2-12 所示。

图 2-12　PPMT 函数参数对话框中的参数设置

第三步：单击【确定】按钮，剪切单元格 B5 中的公式，选中单元格 B5 到 B9 区域，将公式粘贴到编辑栏，按【Ctrl+Shift+Enter】组合键（备注：数组方式），计算结果如图 2-13 所示。

	A	B	C
1	贷款项（万元）	年利率	期限
2	8 000	12%	5
3		本金利息偿还表	
4	年	偿还本金	偿还利息
5	1	-1 259.28	
6	2	-1 410.39	
7	3	-1 579.64	
8	4	-1 769.19	
9	5	-1 981.50	

图 2-13　各年本金偿还额计算结果

从计算结果可以看出，第 1 年的本金偿还额为 1 259.28 万元；第 2 年的本金偿还额为 1 410.39 万元……

（七）IPMT 函数

1. IPMT 函数相关要点

功能：返回在固定偿还、固定利率条件下给定期数内某项投资（或贷款）的利息偿还额。

语法：IPMT(rate,per,nper,pv,[fv],[type])。

参数说明：

rate：必需，表示各期利率。

per：必需，表示用于计算利息的期数，必须在 1 到 nper 之间。

nper：必需，表示该项投资（或贷款）的付款总期数。

pv：必需，表示现值，或一系列未来付款当前值的累积和。

fv：可选，表示终值，或在最后一次付款后希望得到的现金余额。如果省略 fv，则假设其值为 0（如一笔贷款的终值即为 0）。

type：可选，表示类型，用以指定各期的付款时间是在期初还是期末。数字"0"或省略表示期末，数字"1"表示期初。

> **提示** 指定 rate 和 nper 所用的单位是一致的。

对于所有参数，支出的款项，如银行存款，表示为负数；收入的款项，如股息收入，表示为正数。

2. 案例分析

运用上例相关数据，用 IPMT 函数计算各年的利息偿还额，操作步骤如下：

第一步：在单元格 C5 中插入财务函数 IPMT，参数设置如图 2-14 所示。

IPMT 函数计算题例

图 2-14　IPMT 函数参数对话框中的参数设置

第二步：单击【确定】按钮，剪切单元格 C5 中的公式，选中单元格 C5 到 C9 区域，将公式粘贴到编辑栏，按【Ctrl+Shift+Enter】组合键（备注：数组方式），计算结果如图 2-15 所示。

	A	B	C
1	贷款项（万元）	年利率	期限
2	8 000	12%	5
3	本金利息偿还表		
4	年	偿还本金	偿还利息
5	1	-1 259.28	-960.00
6	2	-1 410.39	-808.89
7	3	-1 579.64	-639.64
8	4	-1 769.19	-450.08
9	5	-1 981.50	-237.78

图 2-15 各年利息偿还额计算结果

从计算结果可以看出，第 1 年的利息偿还额为 960 万元；第 2 年的利息偿还额为 808.89 万元……

（八）CUMPRINC 函数

功能：返回一笔贷款在给定的 start_period 到 end_period 期间累计偿还的本金数额。

语法：CUMPRINC(rate,nper,pv,start_period,end_period,type)。

参数说明：

rate：必需，表示利率。

nper：必需，表示总付款期数。

pv：必需，表示现值。

start_period：必需，表示计算中的首期。付款期数从 1 开始计数。

end_period：必需，表示计算中的末期。

type：必需，表示付款时间类型。数字"0"表示期末，数字"1"表示期初。

> **提示** 指定 rate 和 nper 所用的单位是一致的。

如果 rate≤0、nper≤0 或 pv≤0，则 CUMPRINC 返回错误值"#NUM!"。

如果 start_period<1、end_period<1 或 start_period>end_period，则 CUMPRINC 返回错误值"#NUM!"。

如果 type 不为数字"0"或"1"，则 CUMPRINC 返回错误值"#NUM!"。

（九）CUMIPMT 函数

功能：返回一笔贷款在给定的 start_period 到 end_period 期间累计偿还的利息数额。

语法：CUMIPMT（rate，nper，pv，start_period，end_period，type）。

参数说明：

rate：必需，表示利率。

nper：必需，表示总付款期数。

pv：必需，表示现值。

start_period：必需，表示计算中的首期。付款期数从 1 开始计数。

end_period：必需，表示计算中的末期。

type：必需，表示付款时间类型。数字"0"表示期末，数字"1"表示期初。

> **提示**　指定 rate 和 nper 所用的单位是一致的。

如果 rate≤0、nper≤0 或 pv≤0，则 CUMIPMT 返回错误值"#NUM！"。

如果 start_period<1、end_period<1 或 start_period>end_period，则 CUMIPMT 返回错误值"#NUM！"。

如果 type 不为数字"0"或"1"，则 CUMIPMT 返回错误值"#NUM！"。

任务二　Excel 在现值和终值中的应用

一、复利现值系数

1. 复利现值系数的含义

复利现值是指未来一定时间的特定资金按复利计算的现在价值，或者说是为取得将来一定复利现值系数本利和现在所需要的本金。复利现值系数也即 1 元的复利现值。

2. 计算方法

（1）通过建立复利现值系数表计算。

（2）通过输入复利现值计算公式计算。

3. 构建复利现值系数表的操作步骤

可以编制"复利现值系数表"，以方便查询和计算。下面介绍建立"复利现值系数表"模型的操作方法。

第一步：建立数据表模型，如图 2-16 所示。

项目二　Excel 在货币时间价值中的应用　067

	A	B	C	D	E	F	G	H	I	J	K
1	复利现值系数表										
2	年利率\年期	1%	2%	3%	4%	5%	6%	7%	8%	9%	10%
3	1										
4	2										
5	3										
6	4										
7	5										
8	6										
9	7										
10	8										
11	9										
12	10										

图 2-16　建立数据表模型

第二步：在单元格 B3 插入 PV 函数，如图 2-17 所示。注意数据引用是混合方式。

图 2-17　PV 函数参数对话框中的参数设置

第三步：单击【确定】按钮，公式建立完成。利用填充柄向下向右填充，得到"复利现值系数表"，用户也可把年限向下填充，把利率向右填充，得到更多的数据。一个"复利现值系数表"模型建立完毕，如图 2-18 所示。

	A	B	C	D	E	F	G	H	I	J	K
1	复利现值系数表										
2	年利率\年数	1%	2%	3%	4%	5%	6%	7%	8%	9%	10%
3	1	0.990 1	0.980 4	0.970 9	0.961 5	0.952 4	0.943 4	0.934 6	0.925 9	0.917 4	0.909 1
4	2	0.980 3	0.961 2	0.942 6	0.924 6	0.907 0	0.890 0	0.873 4	0.857 3	0.841 7	0.826 4
5	3	0.970 6	0.942 3	0.915 1	0.889 0	0.863 8	0.839 6	0.816 3	0.793 8	0.772 2	0.751 3
6	4	0.961 0	0.923 8	0.888 5	0.854 8	0.822 7	0.792 1	0.762 9	0.735 0	0.708 4	0.683 0
7	5	0.951 5	0.905 7	0.862 6	0.821 9	0.783 5	0.747 3	0.713 0	0.680 6	0.649 9	0.620 9
8	6	0.942 0	0.888 0	0.837 5	0.790 3	0.746 2	0.705 0	0.666 3	0.630 2	0.596 3	0.564 5
9	7	0.932 7	0.870 6	0.813 1	0.759 9	0.710 7	0.665 1	0.622 7	0.583 5	0.547 0	0.513 2
10	8	0.923 5	0.853 5	0.789 4	0.730 7	0.676 8	0.627 4	0.582 0	0.540 3	0.501 9	0.466 5
11	9	0.914 3	0.836 8	0.766 4	0.702 6	0.644 6	0.591 9	0.543 9	0.500 2	0.460 4	0.424 1
12	10	0.905 3	0.820 3	0.744 1	0.675 6	0.613 9	0.558 4	0.508 3	0.463 2	0.422 4	0.385 5

图 2-18　复利现值系数表模型

4. 案例分析

小晨想在三年后从银行取出 1 000 元，年利率 3%，按复利计算，现在应存入多少钱？

思路：该问题为复利现值的计算问题，可以通过输入复利现值的计算公式 $P=F/(1+i)^n$ 求解。

复利现值计算题例

操作步骤如下：

第一步：在"时间价值计算"工作簿中创建名称为"复利现值计算"的 Excel 工作表。

第二步：在 Excel 工作表中输入题目的基本信息，如图 2-19 所示。

	A	B	C
1	终值	1 000	
2	利率	3%	
3	年限	3	
4	现值		
5			

图 2-19　复利现值计算题例

第三步：将复利现值计算公式输入单元格 B4 中，系统自动计算出现值的金额，如图 2-20 所示。

B4　　=B1/(1+B2)^B3

	A	B	C	D
1	终值	1 000		
2	利率	3%		
3	年限	3		
4	现值	915		
5				

图 2-20　复利现值计算结果

由上述操作可知，小晨想在三年后从银行取出1 000元，在年利率为3%的情况下，按复利计算，现在存入915元即可。

二、复利终值系数

1. 复利终值系数的含义

复利终值是指现在某一时点的特定资金按复利计算的未来价值，又称本利和。每经过一个计息期后，都要将所生利息加入本金，以计算下期的利息。这样，在每一计息期，上一个计息期的利息都要成为生息的本金。复利终值系数也即1元的复利终值。

2. 计算方法

（1）通过建立复利终值系数表计算。可以编制"复利终值系数表"，以方便查询和计算。"复利终值系数表"模型的建立方法可以参照"复利现值系数表"模型。

下面仅展示"复利终值系数表"模型的结果，用户可以自行实践，如图2-21所示。

年利率 年数	1%	2%	3%	4%	5%	6%	7%	8%	9%	10%
1	1.010 0	1.020 0	1.030 0	1.040 0	1.050 0	1.060 0	1.070 0	1.080 0	1.090 0	1.100 0
2	1.020 1	1.040 4	1.060 9	1.081 6	1.102 5	1.123 6	1.144 9	1.166 4	1.188 1	1.210 0
3	1.030 3	1.061 2	1.092 7	1.124 9	1.157 6	1.191 0	1.225 0	1.259 7	1.295 0	1.331 0
4	1.040 6	1.082 4	1.125 5	1.169 9	1.215 5	1.262 5	1.310 8	1.360 5	1.411 6	1.464 1
5	1.051 0	1.104 1	1.159 3	1.216 7	1.276 3	1.338 2	1.402 6	1.469 3	1.538 6	1.610 5
6	1.061 5	1.126 2	1.194 1	1.265 3	1.340 1	1.418 5	1.500 7	1.586 9	1.677 1	1.771 6
7	1.072 1	1.148 7	1.229 9	1.315 9	1.407 1	1.503 6	1.605 8	1.713 8	1.828 0	1.948 7
8	1.082 9	1.171 7	1.266 8	1.368 6	1.477 5	1.593 8	1.718 2	1.850 9	1.992 6	2.143 6
9	1.093 7	1.195 1	1.304 8	1.423 3	1.551 3	1.689 5	1.838 5	1.999 0	2.171 9	2.357 9
10	1.104 6	1.219 0	1.343 9	1.480 2	1.628 9	1.790 8	1.967 2	2.158 9	2.367 4	2.593 7

图2-21 复利终值系数表模型

（2）通过复利终值计算公式计算。

（3）利用终值函数求解。

3. 案例分析

小郑把1 000元存入银行，年利率3%，按复利计算这笔资金在第一年、第二年、第三年年末的终值分别是多少？

复利终值计算题例

思路：该问题为复利终值的计算问题，可以通过以下两种方法解决：一种是通过输入复利终值的计算公式 $F=P\times(1+i)^n$ 求解；另一种是利用终值函数求解。

（1）通过输入复利终值的计算公式 $F=P\times(1+i)^n$ 求解。操作步骤如下：

第一步：在"时间价值计算"工作簿中创建名称为"复利终值计算1"的 Excel 工作表。

第二步：在 Excel 工作表中输入题目的基本信息，如图 2-22 所示。其中，现值、利率、年限可以使用填充柄输入。

第三步：将终值计算公式输入工作表内，计算出第一、二、三年的复利终值，如图 2-23 所示。

	A	B	C	D
1	现值	1 000	1 000	1 000
2	利率	3%	3%	3%
3	年限	1	2	3
4	终值			
5				
6				

图 2-22　复利终值计算题例

在单元格 B4 中输入复利终值公式"=B1*(1+B2)^B3"，求出第一年的单利终值，然后使用填充柄复制单元格求出第二、三年的复利终值，也可以按【Ctrl+Shift+Enter】组合键输入数组来实现此功能。首先选择单元格 B4 到 D4 区域，然后按【=】键输入公式"B1:D1*(1+B2:D2)^B3:D3"，再按【Ctrl+Shift+Enter】组合键确定数组输入。单元格 B4、C4、D4 中公式均为"{=B1:D1*(1+B2:D2)^B3:D3}"。

B4		f_x	=B1*(1+B2)^B3	
	A	B	C	D	E
1	现值	1 000	1 000	1 000	
2	利率	3%	3%	3%	
3	年限	1	2	3	
4	终值	1 030			

C4		f_x	=C1*(1+C2)^C3	
	A	B	C	D	E
1	现值	1 000	1 000	1 000	
2	利率	3%	3%	3%	
3	年限	1	2	3	
4	终值	1 030	1 061		
5					

图 2-23　复利终值计算结果

由以上操作可知，小郑把 1 000 元存入银行，年利率 3%，按复利计算在第一年年末终值为 1 030 元，第二年年末终值为 1 061 元，第三年年末终值为 1 093 元。

（2）利用终值函数求解。操作步骤如下：

第一步：在"时间价值计算"工作簿中创建名称为"复利终值计算 2"的 Excel 工作表。

第二步：在 Excel 工作表中选择要输入函数的单元格，如图 2-24 所示。

图 2-24　选定输入函数单元格

第三步：单击【公式】选项卡，在【函数库】组中单击【财务】选项，在弹出的下拉菜单中，单击【FV】函数，如图 2-25 所示。

图 2-25　FV 函数下拉菜单

第四步：根据终值函数形式，分析例题中终值函数相关参数，并将参数值输入相应文本框内，pmt 即年金 A，而本例未涉及，可不填，如图 2-26 所示。

图 2-26　FV 函数参数对话框中的参数设置

第五步：参数输入完毕后，单击【确定】按钮完成函数输入，如图 2-27 所示。

图 2-27　FV 函数输入完毕后的返回值

求得第一年年末的终值为 1 030 元，计算第一年年末的终值函数为"FV(3%,1,,-1000,0)"，第二、三年年末的终值可用相同的方法求得，终值函数分别为"FV(3%,2,,-1000,0)"和"FV(3%,3,,-1000,0)"。

由上述操作可知，小郑把 1 000 元存入银行，年利率 3%，按复利计算在第一年年末终值为 1 030 元，第二年年末终值为 1 061 元，第三年年末终值为 1 093 元。

本例中，第二、三年年末的终值可以按【Ctrl+Shift+Enter】组合键输入数组来实现此功能，操作步骤如下：

第一步：打开"复利终值计算 2"Excel 工作表。

第二步：将例题的信息输入工作表内，如图 2-28 所示。

图 2-28　复利终值计算题例

第三步:选择单元格 B4 到 D4 区域,然后插入终值函数并输入相应的参数,注意参数由单期计算终值的数值参数变成数组参数,如图 2-29 所示。

图 2-29　FV 函数对话框中的数组参数设置

第四步:数组参数输入完毕后,按【Ctrl+Shift+Enter】组合键确定数组输入,数组终值函数输入完毕,计算结果与前述方法相同,如图 2-30 所示。

	A	B	C	D
1	现值	-1 000	-1 000	-1 000
2	利率	3%	3%	3%
3	年限	1	2	3
4	终值	1 030	1 061	1 093

图 2-30　复利终值计算结果

三、年金现值系数

1. 年金现值系数的含义

年金现值就是在已知等额收付款金额未来本利、利率和计息期数时,考虑货币时间价值,计算出的这些收付款现在的等价票面金额。年金现值系数就是按利率每期收付 1 元钱折成的现值。

2. 计算方法

可以编制"年金现值系数表",以方便查询和计算。下面介绍建立"年金现值系数表"模型的操作方法。

第一步:建立数据表模型,并在单元格 K1 建立下拉数据箭头,在【数据验证】对话框下的验证条件中选择【序列】,在来源处输入"先付,后付",如图 2-31 和图 2-32 所示。

图 2-31　数据验证对话框　　　　图 2-32　建立数据表模型

第二步：在单元格 B3 插入 PV 函数，如图 2-33 所示。注意数据引用是混合方式。type 中用 IF 函数来实现"先付"和"后付"的选择。

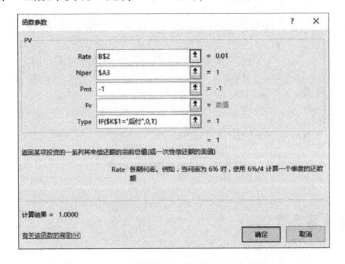

图 2-33　PV 函数参数对话框中的参数设置

第三步：单击【确定】按钮，公式建立完成。利用填充柄向下向右填充，得到"年金现值系数表"，用户也可把年限向下填充，把利率向右填充，得到更多的数据。

在单元格 K1 中选择"先付"或"后付"就可以分别得出不同结果，"年金现值系数表"模型建立完毕。选择"先付"计算结果如图 2-34 所示，选择"后付"计算结果如图 2-35 所示。

图 2-34 年金现值系数表模型（先付）

图 2-35 年金现值系数表模型（后付）

3. 案例分析

金腾集团新增一台机器并立即投入使用，该机器使用年限为 8 年，预计每年年末均可获利 6 万元，年利率 10%，计算该机器所获利润的现值。

思路：该问题为普通年金现值的计算问题，可以通过以下两种方法解决：一种是通过输入年金现值计算公式求解；另一种是利用现值函数求解。

普通年金
现值计算题例

操作步骤如下：

第一步：在"时间价值计算"工作簿中创建名称为"普通年金现值计算"的 Excel 工作表。

第二步：在 Excel 工作表中输入题目的基本信息，如图 2-36 所示。

第三步：将普通年金现值计算公式输入单元格 B4 中，系统自动计算出普通年金现值的金额，如图 2-37 所示。

	A	B
1	年金	60 000
2	利率	10%
3	年限	8
4	现值	

图 2-36　普通年金现值计算题例

B4　　　fx　=B1*((1-(1+B2)^-B3)/B2)

	A	B	C	D
1	年金	60 000		
2	利率	10%		
3	年限	8		
4	现值	320 095.57		

图 2-37　普通年金现值计算结果

由以上操作可知，该机器所获利润的现值为 320 095.57 元。

四、年金终值系数

1. 年金终值系数的含义

年金终值就是在已知等额收付款金额、利率和计息期数时，考虑货币时间价值，计算出的这些收付款到期时的等价票面金额。年金终值系数就是按利率每期收付 1 元钱折成的终值。

2. 计算方法

（1）通过建立年金终值系数表计算。可以编制"年金终值系数表"，以方便查询和计算。"年金终值系数表"模型的建立方法可以参照"年金现值系数表"模型。

下面仅展示"年金终值系数表"模型的结果，用户可以自行实践。选择"先付"计算结果如图 2-38 所示，选择"后付"计算结果如图 2-39 所示。

（2）通过输入年金终值计算公式计算。

（3）通过终值函数求解。

B3				fx	=FV(B$2,$A3,-1,,IF($K$1="后付",0,1))					
	A	B	C	D	E	F	G	H	I	J	K
1					年金终值系数表						先付
2	年利率\年数	1%	2%	3%	4%	5%	6%	7%	8%	9%	10%
3	1	1.010 0	1.020 0	1.030 0	1.040 0	1.050 0	1.060 0	1.070 0	1.080 0	1.090 0	1.100 0
4	2	2.030 1	2.060 4	2.090 9	2.121 6	2.152 5	2.183 6	2.214 9	2.246 4	2.278 1	2.310 0
5	3	3.060 4	3.121 6	3.183 6	3.246 5	3.310 1	3.374 6	3.439 9	3.506 1	3.573 1	3.641 0
6	4	4.101 0	4.204 0	4.309 1	4.416 3	4.525 6	4.637 1	4.750 7	4.866 6	4.984 7	5.105 1
7	5	5.152 0	5.308 1	5.468 4	5.633 0	5.801 9	5.975 3	6.153 3	6.335 9	6.523 3	6.715 6
8	6	6.213 5	6.434 3	6.662 5	6.898 3	7.142 0	7.393 8	7.654 0	7.922 8	8.200 4	8.487 2
9	7	7.285 7	7.583 0	7.892 3	8.214 2	8.549 1	8.897 5	9.259 8	9.636 6	10.028 5	10.435 9
10	8	8.368 5	8.754 6	9.159 1	9.582 8	10.026 6	10.491 3	10.978 0	11.487 6	12.021 0	12.579 5
11	9	9.462 2	9.949 7	10.463 9	11.006 1	11.577 9	12.180 8	12.816 4	13.486 6	14.192 9	14.937 4
12	10	10.566 8	11.168 7	11.807 8	12.486 4	13.206 8	13.971 6	14.783 6	15.645 5	16.560 3	17.531 2

图 2-38　年金终值系数表模型（先付）

B3				fx	=FV(B$2,$A3,-1,,IF($K$1="后付",0,1))					
	A	B	C	D	E	F	G	H	I	J	K
1					年金终值系数表						后付
2	年利率\年数	1%	2%	3%	4%	5%	6%	7%	8%	9%	10%
3	1	1.000 0	1.000 0	1.000 0	1.000 0	1.000 0	1.000 0	1.000 0	1.000 0	1.000 0	1.000 0
4	2	2.010 0	2.020 0	2.030 0	2.040 0	2.050 0	2.060 0	2.070 0	2.080 0	2.090 0	2.100 0
5	3	3.030 1	3.060 4	3.090 9	3.121 6	3.152 5	3.183 6	3.214 9	3.246 4	3.278 1	3.310 0
6	4	4.060 4	4.121 6	4.183 6	4.246 5	4.310 1	4.374 6	4.439 9	4.506 1	4.573 1	4.641 0
7	5	5.101 0	5.204 0	5.309 1	5.416 3	5.525 6	5.637 1	5.750 7	5.866 6	5.984 7	6.105 1
8	6	6.152 0	6.308 1	6.468 4	6.633 0	6.801 9	6.975 3	7.153 3	7.335 9	7.523 3	7.715 6
9	7	7.213 5	7.434 3	7.662 5	7.898 3	8.142 0	8.393 8	8.654 0	8.922 8	9.200 4	9.487 2
10	8	8.285 7	8.583 0	8.892 3	9.214 2	9.549 1	9.897 5	10.259 8	10.636 6	11.028 5	11.435 9
11	9	9.368 5	9.754 6	10.159 1	10.582 8	11.026 6	11.491 3	11.978 0	12.487 6	13.021 0	13.579 5
12	10	10.462 2	10.949 7	11.463 9	12.006 1	12.577 9	13.180 8	13.816 4	14.486 6	15.192 9	15.937 4

图 2-39　年金终值系数表模型（后付）

3. 案例分析

金腾集团新增一台机器并立即投入使用，该机器使用年限为 8 年，预计每年年末均可获利 6 万元，年利率 10%，计算该机器所获利润的终值。

普通年金终值计算题例

思路：该问题为普通年金终值的计算问题，可以通过以下两种方法解决：一种是通过输入年金终值计算公式计算；另一种是利用终值函数求解。

（1）通过输入年金终值计算公式计算。操作步骤如下：

第一步：在"时间价值计算"工作簿中创建名称为"普通年金终值计算"的

Excel 工作表。

第二步：在 Excel 工作表中输入题目的基本信息，如图 2-40 所示。

第三步：将普通年金终值计算公式输入单元格 B4 中，系统自动计算出普通年金终值的金额，如图 2-41 所示。

	A	B
1	年金	60 000
2	利率	10%
3	年限	8
4	终值	

图 2-40　普通年金终值计算题例

B4　fx　=B1*((1+B2)^B3-1)/B2

	A	B	C	D	E
1	年金	60 000			
2	利率	10%			
3	年限	8			
4	终值	686 153			

图 2-41　普通年金终值计算结果

由以上操作可知，该机器所获利润的终值为 686 153 元。

（2）通过终值函数求解。分析例题的信息，参考复利终值函数的操作步骤完成计算，如图 2-42 所示。

图 2-42　FV 函数参数对话框中的参数设置

本例是计算普通年金的终值，其付款期在每期期末。

金腾集团每年年末获利 60 000 元，只有将这 60 000 元存入银行才能享受到 10% 的利率。若计算年金，金腾集团这 60 000 元获利就变成了支付给银行的资金，所以以附属形式出现。

由以上操作可知，该机器所获利润的终值函数为"FV(10%,8,-60000,,0)"，即机器所获利润的终值为 686 153 元。

任务三　Excel 在货币时间价值中的应用

一、养老金案例分析

1. 案例内容

费晨晨计划 46 岁开始为自己储备养老金直到 65 岁退休，希望 66 岁到 85 岁每年年初支取 60 000 元作为生活补贴，假定年利率为 7%。

（1）每年年初，费晨晨需要存多少钱？

（2）假如费晨晨在 46 岁前养老金账户已有存款 60 000 元，现作为本金存入，则费晨晨每年年初需要存多少钱？

（3）假如费晨晨想在 85 岁时扣除全部已支取的金额后养老金账户仍然有 250 000 元，则费晨晨每年年初应存多少钱？

养老金案例分析

2. 计算方法

思路：分析案例可知，本案例需要解决费晨晨 46 岁起每年存多少钱的问题。我们分三种情况建立"费晨晨养老金计划表"，具体操作步骤如下：

第一步：计算第一种方案中"66 岁至 85 岁需要的养老金总额"。

第二步：计算第一种方案中"每年年初存入的金额"。

第三步：由于第二种方案中有一次性存款，所以在计算"每年年初存入的金额"时需要做相应变化。

第四步：第三种方案中要求 85 岁时除已支取的养老金外还有 25 万元的账面存款，在计算"每年年初存入的金额"时也需要做相应变化。相关计算公式如图 2-43 所示。

	A	B
1	费晨晨养老金计划表	
2	第一种方案	
3	利率	7%
4	66岁起支取养老金的年限	20
5	每年支取的金额	60 000
6	66岁至85岁需要的养老金总额	=PV(B3,B4,-B5)
7	46岁存入养老金的年限	20
8	每年年初存入的金额	=PMT(B3,B7,,-B6)
9	第二种方案	
10	66岁至85岁需要的养老金总额	=B6
11	46岁时的一次性存款	60 000
12	每年年初存入的金额	=PMT(B3,B7,B11,-B10)
13	第三种方案	
14	85岁净账面金额	250 000
15	66岁至85岁需要的养老金总额	=PV(B3,B4,-B5,-B14)
16	每年年初存入的金额	=PMT(B3,B7,,-B15)

图 2-43 费晨晨养老金计划相关指标计算公式

由以上操作可知，第一种方案，每年年初需要存 15 505.14 元；第二种方案，每年年初需要存 9 841.56 元；第三种方案，每年年初需要存 17 081.04 元。计算结果如图 2-44 所示。

	A	B
1	费晨晨养老金计划表	
2	第一种方案	
3	利率	7%
4	66岁起支取养老金的年限	20
5	每年支取的金额	60 000
6	66岁至85岁需要的养老金总额	635 640.85
7	46岁存入养老金的年限	20
8	每年年初存入的金额	15 505.14
9	第二种方案	
10	66岁至85岁需要的养老金总额	635 640.85
11	46岁时的一次性存款	60 000
12	每年年初存入的金额	9 841.56
13	第三种方案	
14	85岁净账面金额	250 000
15	66岁至85岁需要的养老金总额	700 245.61
16	每年年初存入的金额	17 081.04

图 2-44 费晨晨养老金计划相关指标计算结果

二、房产贷款案例分析

1. 案例内容

小刘购买了一套总价为 80 万元的单身公寓，首付 30 万元，贷款总额 50 万元。其中，公积金贷款 20 万元，期限 10 年，年利率 4%；商业贷款 30 万元，期限 15 年，年利率 6.5%。如果采用等额本息还款，公积金贷款、商业贷款每月还款额为多少？利息、本金各多少？每月还款总额是多少？

2. 计算方法

思路：分析案例后，建立基础资料区域模型和还款计算区域模型，如图2-45所示。具体操作步骤如下：

图2-45 建立基础资料区域模型和还款计算区域模型

第一步：在单元格B8中输入公式"=PMT($H$2/12,$K$2*12,-$E$2)"，并将公式复制到单元格B9到B127区域，计算公积金贷款的月还款额。

第二步：在单元格C8中输入公式"=IPMT($H$2/12,A8,$K$2*12,-$E$2)"，并将公式复制到单元格C9到C127区域，计算公积金贷款的月利息。

第三步：在单元格D8中输入公式"=PPMT($H$2/12,A8,$K$2*12,-$E$2)"，并将公式复制到单元格D9到D127区域，计算公积金贷款的每月还款本金。

第四步：在单元格E8中输入公式"=PMT($H$3/12,$K$3*12,-$E$3)"，并将公式复制到单元格E9到E187区域，计算商业贷款的月还款额。

第五步：在单元格F8中输入公式"=IPMT($H$3/12,A8,$K$3*12,-$E$3)"，并将公式复制到单元格F9到F187区域，计算商业贷款的月利息。

第六步：在单元格G8中输入公式"=PPMT($H$3/12,A8,$K$3*12,-$E$3)"，并将公式复制到单元格G9到G187区域，计算商业贷款每月还款本金。

第七步：分别选取单元格H8、I8、J8，输入相对应公式"=SUM(B8,E8)""=SUM(C8,F8)""=SUM(D8,G8)"，计算每月的还款总额、利息总额和本金总额。

第八步：选中单元格B8到J8区域，向下填充复制公式。

第九步：单击单元格B188，输入公式"=SUM(B8:B187)"，计算公积金贷款还款额合计数。将公式向右填充复制到单元格C188到J188区域，分别计算对应项目的合计数，计算结果如图2-46所示。

	A	B	C	D	E	F	G	H	I	J
1					基础资料区域					
2	房价	800 000	贷款	公积金贷款	20 0000	利率	公积金利率	4.00%	贷款年限	公积金年限
3	首付	300 000		商业贷款	30 0000		商业利率	6.50%		商业年限
4										
5					还款计算区域					
6	月份		公积金贷款偿还			商业贷款偿还		还款总额	利息总额	本金总额
7		还款额	利息	本金	还款额	利息	本金	还款额	利息	本金
8	1	2 024.90	666.67	1 358.24	2 613.32	1 625.00	988.32	4 638.22	2 291.67	2 346.56
9	2	2 024.90	662.14	1 362.76	2 613.32	1 619.65	993.68	4 638.22	2 281.79	2 356.44
10	3	2 024.90	657.60	1 367.31	2 613.32	1 614.26	999.06	4 638.22	2 271.86	2 366.36
11	4	2 024.90	653.04	1 371.86	2 613.32	1 608.85	1 004.47	4 638.22	2 261.89	2 376.33
185	178				2 613.32	42.01	2 571.31	2 613.32	42.01	2 571.31
186	179				2 613.32	28.08	2 585.24	2 613.32	28.08	2 585.24
187	180				2 613.32	14.08	2 599.24	2 613.32	14.08	2 599.24
188	总合计	242 988.33	42 988.33	200 000.00	470 397.98	170 397.98	300 000.00	713 386.31	213 386.31	500 000.00

图 2-46　还款计算结果

思考与练习

一、写出相关概念的含义

1. 货币时间价值

2. 本金

3. 单利和复利

4. 现值和终值

5. 年金及其分类

二、掌握相关函数的功能及使用方法

1. PMT 函数

2. PV 函数

3. FV 函数

4. RATE 函数

5. NPER 函数

6. PPMT 函数

7. IPMT 函数

8. CUMPRINC 函数

9. CUMIPMT 函数

三、掌握系数的计算方法

1. 复利现值系数

2. 复利终值系数

3. 年金现值系数

4. 年金终值系数

四、货币时间价值的综合应用

1. 金盛公司购买一台设备，有两种付款方案。甲方案是在6年中每年年初付款30万元，乙方案是在6年中每年年末付款35万元。若年利率为8%，请问哪个方案更佳？

提示：比较两个方案的终值。

2. 金盛公司以8%的年利率借入80万元，投资于回收期为8年的项目。请问每年至少应收回多少现金，才能使该投资项目成为获利项目？

提示：年金计算。

3. 小王准备3年后买房，首付至少要10万元，假定年利率为5%。请问他每月月底存多少钱才能够支付首付？

提示：年金计算。

4. 有一个理财项目，每个月月初存2 000元，5年以后可得15万元。假定市场利率为10%，请问该项目是否值得投资？

提示：计算年利率并和市场利率比较。

5. 金盛公司准备以分期付款方式购买一台设备，价格为50万元，每年年底支付10万元。商定的年利率为7%，请问需要多少年能还清？

提示：计算期数。

6. 假定金盛公司对原有生产线进行更新改造，预计现在一次支付45万元，可使每年增加净收入15万元，这套更新设备至少使用6年。假设银行复利年利率分别为6%和7%，请问在哪种利率下可以接受设备的更新改造？

提示：计算不同利率下每年净收入的现值。

项目三 Excel 在筹资管理中的应用

 学习目的

理解资金需求量预测分析、筹资成本分析、筹资方法分析的内容和方法,掌握在 Excel 系统中这些分析方法的具体运用,结合案例进一步拓展 Excel 在筹资管理中的应用范围,提升分析数据的效率。

筹资管理是指企业根据其生产经营、对外投资和调整资本结构的需要,通过筹资渠道和资本(金)市场,运用筹资方式,经济有效地筹集企业所需资本(金)的财务行为。筹资活动是企业资金流转运动的起点,筹资管理要求解决企业为什么要筹资、需要筹集多少资金、从什么渠道以什么方式筹集,以及如何协调财务风险和资本成本、合理安排资本结构等问题。

筹资内容主要包括股权资金筹措和债务资金筹措。

筹资原则主要包括筹措合法、规模适当、取得及时、来源经济、结构合理。

任务一 筹集资金需求量预测

企业在筹资之前,应当采用一定的方法预测资金需求量,这是确保企业合理筹集资金的一个必要的基础性环节。资金需求量的预测方法有定性预测法和定量预测法。本章主要介绍定量预测法中的销售百分比法和线性回归法。

一、销售百分比法

1. 销售百分比法的含义

销售百分比法是根据资产的各个项目与销售收入之间的依存关系,并结合销售收入的增长情况来预测计划期企业从外部筹措资金需要量的方法。

2. 预测资金需求量的操作步骤

（1）收集整理企业基期期末资产负债表及销售情况等有关资料，并估计该企业未来的销售变动情况。

（2）将该企业基期资产负债表中预计随销售收入同比例变动的相关项目分离出来。

（3）分别计算基期相关项目与基期销售收入的百分比，即相关资产占基期销售收入的百分比、相关负债占基期销售收入的百分比。

（4）确定该企业未来时期每百元销售收入需要多少资金。

资金需求量与销售收入的百分比＝相关资产占销售收入的百分比－相关负债占销售收入的百分比

（5）确定该企业未来时期的筹资总额。

未来时期的筹资总额＝销售增加额×未来时期资金需求量的百分比

（6）确定该企业未来时期的外部筹资额。

外部筹资额＝未来时期的筹资总额－企业内部资金来源数额

具体来说，企业的销售规模扩大时，要相应增加流动资产，如果销售规模扩大很多，还必须增加长期资产。为取得扩大销售所需增加的资产，企业需要筹措资金。这些资金一部分来自留存收益，另一部分通过外部筹资取得。因此，企业需要预先知道自己的筹资需求，提前安排筹资计划，否则就可能出现资金短缺问题。

3. 案例分析

金腾集团 2019 年的销售额为 210 000 元，还有剩余生产能力，销售净利率为 10%，股利支付率为 40%。预计 2020 年的销售额为 250 000 元，销售净利率和股利支付率不变，该公司 2019 年 12 月 31 日的资产负债表如表 3-1 所示。

销售百分比法计算题例（上）

销售百分比法计算题例（下）

表 3-1 金腾集团简要资产负债表（2019 年 12 月 31 日）　　单位：元

资产		负债和所有者权益	
货币资金	20 000	应付票据	20 000
应收账款	40 000	应付账款	40 000
存货	70 000	长期借款	70 000
固定资产（净值）	80 000	实收资本	70 000
无形资产	11 000	留存收益	21 000
总计	221 000	总计	221 000

要求：利用 Excel 软件预测该公司 2020 年的外部筹资需求量。

思路：该问题为根据企业的历史资料，利用销售百分比法确定筹资规模问题，可以通过在 Excel 工作表中输入销售百分比法的相关公式来解决。

操作步骤如下：

第一步：在"筹资管理"工作簿中创建名称为"销售百分比法"的 Excel 工作表。

第二步：在 Excel 工作表中输入题目的基本信息，如图 3-1 所示。

	A	B	C	D	E	F
1			销售百分比法			
2			2019年12月31日			单位：元
3		资产		负债和所有者权益		
4		货币资金	20 000	应付票据		20 000
5		应收账款	40 000	应付账款		40 000
6		存货	70 000	长期借款		70 000
7		固定资产（净值）	80 000	实收资本		70 000
8		无形资产	11 000	留存收益		21 000
9		总计	221 000	总计		221 000
10						
11		资产		负债和所有者权益		
12		货币资金		应付票据		
13		应收账款		应付账款		
14		存货		长期借款		不变动
15		固定资产（净值）	不变动	实收资本		不变动
16		无形资产	不变动	留存收益		不变动
17		总计		总计		
18						
19		基期销售额	210 000			
20		预测期销售额	250 000			
21		销售增加额				
22		销售净利率	10%			
23		利润留用比率	40%			
24		预测期筹资总额				
25		内部资金来源				
26		预测期外部筹资额				

图 3-1 销售百分比法计算题例

第三步：将销售百分比法需要的参数变量信息及公式输入 Excel 工作表内求值，如图 3-2 所示。

① 在单元格 C12 中输入公式"=C4/$C$19"，然后将单元格 C12 分别复制到单元格 C13 到 C14 和 F12 到 F13 区域，求得相关项目与基期销售额之间的百分比。

② 在单元格 C17 中输入公式"=SUM(C12:C14)"，然后在单元格 F17 中输入公式"=SUM(F12:F13)"，求得相关项目与基期销售额之间的百分比的合计数。

③ 在单元格 C21 中输入公式"=C20-C19"，求得销售增加额。

④ 在单元格 C24 中输入公式"=C21*(C17-F17)"，求得预测期筹资总额。

⑤ 在单元格 C25 中输入公式"=C19*C22*C23"，求得内部资金来源数额。

⑥ 在单元格 C26 中输入公式"=C24-C25"，求得预测期外部筹资额。

由以上操作可知，金腾集团 2020 年的外部筹资需求量为 4 933 元。

	A	B	C	D	E	F
1			销售百分比法			
2			2019年12月31日			单位：元
3		资产			负债和所有者权益	
4		货币资金	20 000		应付票据	20 000
5		应收账款	40 000		应付账款	40 000
6		存货	70 000		长期借款	70 000
7		固定资产（净值）	80 000		实收资本	70 000
8		无形资产	11 000		留存收益	21 000
9		总计	221 000		总计	221 000
10						
11		资产			负债和所有者权益	
12		货币资金	10%		应付票据	10%
13		应收账款	19%		应付账款	19%
14		存货	33%		长期借款	不变动
15		固定资产（净值）	不变动		实收资本	不变动
16		无形资产	不变动		留存收益	不变动
17		总计	62%		总计	29%
18						
19		基期销售额	210 000			
20		预测期销售额	250 000			
21		销售增加额	40 000			
22		销售净利率	10%			
23		利润留用比率	40%			
24		预测期筹资总额	13 333			
25		内部资金来源	8 400			
26		预测期外部筹资额	4 933			

图 3-2　销售百分比法计算结果

二、线性回归法

（一）回归分析法的含义

回归分析法是处理多个变量之间相互关系的一种数学方法，是数理统计常用方法之一。从分析测试的观点来看，回归分析的任务就是找出响应值（因变量）与影响它的诸因素（自变量）之间的统计关系（回归模型），利用这种统计关系在一定置信度下由各因素的取值去预测响应值的范围，在众多的自变量中，判断哪些变量对响应变量的影响是显著的，哪些变量的影响是不显著的，根据自变量的给定值来估计和预测响应值。常用的回归模型包括线性回归和非线性回归。

在财务管理中，线性回归法是资金习性预测法中的一种。资金习性是指资金的变动同产销量（或销售额）变动之间的依存关系。资金按照习性可以分为不变资金和变动资金。

不变资金是指一定产销量范围内，不受产销量变动影响的资金。它包括为维持经营而占用的最低数额的现金、存货的保险储备，以及厂房、机器设备等固定资产占用的资金。

变动资金是指随产销量变动而同比例变动的资金。它一般包括直接构成产品实体的原材料等占用的资金。另外，超过保险储备以外的库存现金、存货、应收账款等也具有变动资金的性质。

半变动资金是指虽随产销量变动而变动，但不成同比例变动的资金，如一些辅助材料占用的资金。半变动资金可采用一定的方法划分为不变资金和变动资金两部分。

资金习性预测中的线性回归法就是根据过去一定时期的销售量和资金总额，运用反映资金量和销售量之间关系的线性回归方程来确定资金总额中的变动资金和不变资金的一种定量分析方法。

（二）相关函数应用

1. SLOPE 函数

功能：计算经过给定数据点的线性回归拟合线方程的斜率。

语法：SLOPE(known_y's,known_x's)。

参数说明：

known_y's：表示因变量数组或数值区域。

known_x's：表示自变量数组或数值区域。

> 提示 参数可以是数字，或者是包含数字的名称、数组或引用。

如果数组或引用参数包含文本、逻辑值或空白单元格，则这些值将被忽略；但包含零值的单元格将被计算在内。

如果 known_y's 和 known_x's 为空或包含不同个数的数据点，SLOPE 函数返回错误值"#N/A"。

2. INTERCEPT 函数

功能：利用已知的 x 值与 y 值计算直线与 Y 轴的交叉点。交叉点是以通过已知的 x 值和已知的 y 值绘制的最佳拟合回归线为基础的。当自变量是 0（零）时，可使用 INTERCEPT 函数确定因变量的值。

语法：INTERCEPT（known_y's, known_x's）。

参数说明：

known_y's：表示因变量的观测值或数据的集合。

known_x's：表示自变量的观测值或数据的集合。

> 提示 参数可以是数字，或者是包含数字的名称、数组或引用。

如果数组或引用参数包含文本、逻辑值或空白单元格,则这些值将被忽略;但包含零值的单元格将被计算在内。

如果 known_y's 和 known_x's 为空或包含不同个数的数据点,则 INTERCEPT 函数返回错误值"#N/A"。

INTERCEPT 函数在本章中主要用于线性回归法。

3. FORECAST 函数

功能:根据现有值计算或预测未来值。预测值为给定 x 值后求得的 y 值。已知值为现有的 x 值和 y 值,并通过线性回归来预测新值。可以使用该函数来预测未来销售、库存需求或消费趋势等。

语法:FORECAST(x,known_y's,known_x's)。

参数说明:

x:表示需要进行值预测的数据点。

known_y's:表示相关的数组或数据区域。

known_x's:表示独立的数组或数据区域。

> **提示** 如果 x 为非数值型,则 FORECAST 函数返回错误值"#VALUE!"。

如果 known_y's 和 known_x's 为空或包含不同个数的数据点,FORECAST 函数返回错误值"#N/A"。

如果 known_x's 的方差为零,则 FORECAST 函数返回错误值"#DIV/0!"。

(三)操作步骤

(1)收集整理企业历史各期的销售资料和占用资金量资料。

(2)根据历史资料,使用高低点法或线性回归法分解该企业的资金占用量,求出不变资金、单位变动资金。

(3)利用"总资金=不变资金+单位变动资金×业务量"模型,预测未来销量下的资金需求量。

(四)案例分析

金腾集团 2016—2019 年的产量与资金占用量情况如表 3-2 所示,利用 Excel 软件计算 2020 年的资金需求量。

线性回归法计算题例

表 3-2　2016—2019 年金腾集团产量和资金占用量表

年度	产量 X（万件）	资金占用量 Y（万元）
2016	120	100
2017	100	90
2018	130	105
2019	140	110

思路：该问题为根据企业的历史资料，利用线性回归法确定资金需求量，可以使用 SLOPE 函数和 INTERCEPT 函数求解。

操作步骤如下：

第一步：在"筹资管理"工作簿中创建名称为"线性回归法"的 Excel 工作表。

第二步：在 Excel 工作表中输入题目的基本信息，如图 3-3 所示。

图 3-3　线性回归法计算题例

第三步：将线性回归法需要的参数变量信息及公式输入 Excel 工作表内求出常量 a、b 的值，如图 3-4 所示。

图 3-4　线性回归法计算公式输入

第四步：求出 2020 年资金需求量的预测值，如图 3-5 所示。

	A	B	C
1	年度	产销量X（万件）	资金Y（万元）
2	2016	120	100
3	2017	100	90
4	2018	130	105
5	2019	140	110
6			
7	b	0.5	
8	a	40	
9	2020年的预测值	=B7*150+B8	

	A	B	C
1	年度	产销量X（万件）	资金Y（万元）
2	2016	120	100
3	2017	100	90
4	2018	130	105
5	2019	140	110
6			
7	b	0.5	
8	a	40	
9	2020年的预测值	115	

图 3-5　线性回归法计算结果

由以上操作可知，该公司 2020 年在预计产销量为 150 万件的情况下，需要资金 115 万元。

任务二　筹集资金成本分析

企业的资本成本主要由债务资本成本和权益资本成本组成。资本成本是企业为筹集和使用资本而支付的各项费用，包括筹资费用和使用费用。

筹资费用是指企业在资金筹措过程中为取得资金而支付的各种费用，包括银行借款的手续费，发行股票、债券支付的广告宣传费、印刷费、代理发行费等；使用费用是指企业因使用资金而支付给投资者的报酬，如股利、利息等。

一、个别资本成本分析

个别资本成本是指各种筹资方式的成本，主要包括银行借款成本、债券成本、优先股成本、普通股成本和留存收益成本，前两者可统称为负债资本成本，后三者统称为权益资本成本。

资本成本可以用绝对数表示，也可以用相对数表示。在财务管理中，一般使用相对数，即资本成本率来反映资本成本。资本成本率是用资费用与实际筹资净额（即筹资额扣除筹资费用后的金额）的比率。资本成本率一般简称为资本成本。

通用公式表示为：资本成本＝每年的用资费用÷（筹资额－筹资费用）

（一）长期借款资本成本

1. 长期借款资本成本的含义

长期借款的占用成本一般是借款利息，筹资费是手续费。借款利息通常允许在企业所得税前支付，可以起到抵税作用。因此，企业实际负担的利息为：利息×(1－所得税税率)。

2. 长期借款资本成本的计算公式

在不考虑货币时间价值的情况下，一次还本、分期付息方式借款的资本成本计算公式如下：

长期借款资本成本 = 银行借款年利率×(1－所得税税率)÷(1－银行借款筹资费率)

当银行借款筹资费率很小，可以忽略不计时，公式可简化为：

长期借款资本成本 = 银行借款年利率×(1－所得税税率)

长期借款资本成本

3. 案例分析

金腾集团向银行借入一笔5年期、金额为400万元的贷款，年利率为10%，每年付息一次，到期还本，筹资费率为0.5%，所得税税率为25%。试计算该长期借款的资本成本。

思路：该案例为长期借款资本成本的计算问题，可以通过长期借款资本成本公式求解。

操作步骤如下：

第一步：在"筹资管理"工作簿中创建名称为"长期借款资本成本"的Excel工作表。

第二步：在Excel工作表中输入题目的基本信息，如图3-6所示。

	A	B
1	长期借款资本成本	
2	借款金额（万元）	400
3	借款期限	5
4	年利率	10%
5	筹资费率	0.5%
6	所得税税率	25%
7	长期借款资本成本	

图3-6 长期借款资本成本计算题例

第三步：在单元格B7中输入长期借款资本成本公式"=B2*B4*(1-B6)/(B2*(1-B5))*100%"进行求值，如图3-7所示。

	A	B
1	长期借款资本成本	
2	借款金额（万元）	400
3	借款期限	5
4	年利率	10%
5	筹资费率	0.5%
6	所得税税率	25%
7	长期借款资本成本	7.54%

B7 单元格公式：=B2*B4*(1-B6)/(B2*(1-B5))*100%

图 3-7　长期借款资本成本计算结果

由以上操作可知，金腾集团按年利率 10% 向银行借款 400 万元的资本成本为 7.54%。

（二）长期债券资本成本

1. 长期债券资本成本的含义

长期债券资本成本主要是债券利息和筹资费用。债券利息也在所得税前支付，其处理与长期借款的利息处理相同，但债券的筹资费用一般较高，应予以考虑。债券的筹资费用即发行费，主要包括申请发行债券的手续费、债券注册费、印刷费、上市费及推销费用等。

长期债券资本成本

债券的发行价格有平价、溢价、折价三种。债券利息按面值和票面利率确定，但债券的筹资额应按具体发行价格计算，以便正确计算债券的成本。

2. 长期债券资本成本的计算公式

在不考虑货币时间价值的情况下，长期债券资本成本的计算公式为：

长期债券资本成本＝债券总面值×票面利率×（1-所得税税率）÷［债券发行总额×（1-筹资费率）］

3. 案例分析

金腾设备有限公司按面值发行 800 万元的票面利率为 10%、期限为 6 年、每年年末付息、到期一次还本的债券，筹资费率为 5%，所得税税率为 25%。试计算该长期债券的资本成本。

思路：该案例为长期债券资本成本的计算问题，可以通过长期债券资本成本公式求解。

操作步骤如下：

第一步：在"筹资管理"工作簿中创建名称为"面值发行债券资本成本"的 Excel 工作表。

第二步：在 Excel 工作表中输入题目的基本信息，如图 3-8 所示。

	A	B
1	长期债券资本成本	
2	筹资总额（万元）	800
3	筹资期限	6
4	票面利率	10%
5	筹资费率	5%
6	所得税税率	25%
7	长期债券资本成本	

图 3-8　长期债券资本成本计算题例

第三步：将按面值发行时，长期债券资本成本计算需要的参数变量信息及公式输入 Excel 工作表内求值。在单元格 B7 中输入公式"＝B2＊B4＊（1－B6）/（B2＊（1－B5））＊100%"，计算长期债券资本成本，如图 3-9 所示。

	A	B
1	长期债券资本成本	
2	筹资总额（万元）	800
3	筹资期限	6
4	票面利率	10%
5	筹资费率	5%
6	所得税税率	25%
7	长期债券资本成本	8%

图 3-9　长期债券资本成本计算结果

由以上操作可知，金腾设备有限公司按面值发行 800 万元的长期债券的资本成本为 8%。

（三）普通股资本成本

1. 普通股资本成本的含义

普通股资本成本即投资必要收益率，是使普通股未来股利收益折成现值的总和等于普通股现行价格的折现率。

2. 股利折现模型

固定股利即每年股利不变，可视为永续年金。其计算公式为：

固定股利资本成本＝年固定股利÷[普通股股本总额×(1－筹资费率)]

股利固定增长即每年股利不断增加。其计算公式为：

股利固定增长资本成本＝第一年股利÷[普通股股本总额×(1－筹资费率)]+固定股利年增长率

3. 资本资产定价模型

如果公司采取固定的股利政策，则普通股资本成本的计算与优先股资本成本的计算相似。

如果公司采取固定增长的股利政策，则普通股资本成本的计算公式如下：

资本资产定价模型资本成本＝无风险报酬率+股票贝塔系数×(市场组合预期报酬率-无风险报酬率)

4. 案例分析

金腾集团发行普通股 1 000 万元，筹资费率为 4%，第一年的股利率为 12%，以后每年增长 5%，其他资料如图 3-10 所示。利用 Excel 表格分别对普通股资本成本的三种情况进行计算，操作步骤如下：

第一步：建立"普通股资本成本计算模型"工作表，输入相关已知数据。

第二步：计算固定股利资本成本。在单元格 C6 中输入公式"＝C5/（C2＊(1-C4)）"，得出资本成本为 12.5%。

第三步：计算股利固定增长资本成本。在单元格 C9 中输入公式"＝C7/（C2＊(1-C4)）+C8"，得出资本成本为 17.5%。

第四步：计算资本资产定价模型资本成本。在单元格 C13 中输入公式"＝C10+C12＊(C11-C10)"，得出资本成本为 13%。

第五步：动态数据设置。参照前文中长期借款资本成本计算操作步骤，也可以进行普通股股本总额、年股利率等项目的动态数据设置，如图 3-10 所示。

	A	B	C	D
1		普通股资本成本计算模型		
2	固定股利模型	普通股股本总额(万元)	1 000	◀ ▶
3		年股利率	12.00%	◀ ▶
4		筹资费率	4.00%	◀ ▶
5		年固定股利(万元)	120.00	
6		固定股利资本成本	12.50%	
7	股利固定增长模型	第一年股利(万元)	120.00	
8		股利固定年增长率	5.00%	◀ ▶
9		股利固定增长资本成本	17.50%	
10	资本资产定价模型	无风险报酬率	5.00%	◀ ▶
11		市场组合预期报酬率	10.00%	◀ ▶
12		股票贝塔系数	1.60	◀ ▶
13		资本资产定价资本成本	13.00%	

图 3-10 普通股资本成本计算结果

（四）优先股资本成本

1. 优先股资本成本的含义

优先股是相对于普通股而言的，在利润分红及剩余财产分配的权利方面，优先股优先于普通股。首先，在公司资产破产清算的受偿顺序方面，优先股排在债权之后，比普通股优先；其次，优先股在股利分配顺序方面较普通股优先，而且通常按事先约定的股息率发放；再次，优先股股东通常在股东大会上无表决权。优先股股东没有选举及被选举权，一般来说对公司的经营没有参与权。优先股是股东不能退股，只能通过优先股的赎回条款被公司赎回，但能稳定分红的股份。

2. 优先股资本成本的计算公式

优先股资本成本＝优先股面值×年股息率÷［发行价格×（1－筹资费率）］

3. 案例分析

金腾集团以面值1元、发行价5元发行优先股100万股，筹资费率为5%，年股息率为9%，其他资料如图3-11所示。利用Excel表格进行优先股资本成本的计算，操作步骤如下：

第一步：建立"优先股资本成本计算模型"工作表，输入相关已知数据。

第二步：计算优先股资本成本。在单元格C9中输入公式"＝C4＊C7/（C5＊（1-C8））＊100%"，得出资本成本为1.89%，如图3-11所示。

第三步：动态数据设置。参照前文中长期借款资本成本计算操作步骤，也可以进行面值、发行价格等项目的动态数据设置，如图3-11所示。

	A	B	C	D
1		优先股资本成本计算模型		
2		公司优先股		数据调节按钮
3	已知数据	发行总额（万元）	500	
4		面值（元）	1	＜　＞
5		发行价格（元）	5	＜　＞
6		发行股数（万股）	100	＜　＞
7		年股息率	9.00%	＜　＞
8		筹资费率	5.00%	＜　＞
9	计算	优先股资本成本	1.89%	

图3-11　优先股资本成本计算结果

（五）留存收益资本成本

1. 留存收益资本成本的含义

留存收益是企业利润总额缴纳所得税后形成的，其所有权属于股东。股东将这一部分未分派的税后利润留存于企业，实质上是追加投资。如果企业将留存收益用于再投资所获得的收益低于股东自己进行另一项风险相似的投资的收益，企业就不应该保留留存收益而应将其分派给股东。留存收益成本的估算难于债务成本，这是因为很难对诸如企业未来发展前景及股东对未来风险所要求的风险溢价做出准确的测定。一般认为，某企业普通股风险溢价对其自己发行的债券来讲，大约在3%~5%之间。当市场利率达到历史性高点时，风险溢价通常较低，在3%左右；当市场利率处于历史性低点时，风险溢价通常较高，在5%左右；而通常情况下，采用4%的平均风险溢价。

2. 留存收益资本成本的计算公式

$$留存收益资本成本 = 固定股利 \div 留存收益$$

二、综合资本成本分析

1. 综合资本成本的含义

综合资本成本又称加权平均资本成本，是以各种不同筹资方式的资本成本为基础，以各种资本占资本总额的比重为权数计算的加权平均数。

综合资本成本是由个别资本成本和个别资本占资本总额的比例这两个因素所决定的。个别资本占资本总额的比例按账面价值确定，可以通过会计资料提供，也就是直接从资产负债表中取得，容易计算；其缺陷是资本的账面价值可能不符合市场价值，如果资本的市场价值已严重脱离账面价值，以账面价值为基础确定资本比例就有失现实客观性，从而不利于综合资本成本率的测算和筹资管理的决策。

2. 相关函数应用

SUMPRODUCT 函数。

功能：在给定的几组数组中，将数组间对应的元素相乘，并返回乘积之和。

语法：SUMPRODUCT（array1,[array2],[array3],…）。

参数说明：

array1：必需，表示第1个数组参数，其相应元素需要进行相乘并求和。

array2,array3,…：可选，表示第2到255个数组参数，其相应元素需要进行相乘并求和。

> **提示** 数组参数必须具有相同的维数，否则，SUMPRODUCT 函数将提示出错信息。

SUMPRODUCT 函数将非数值型的数组元素作为 0 来处理。

3. 案例分析

金腾集团各项资本项目的资料如图 3-12 所示。利用 Excel 表格进行综合资本成本的计算。操作步骤如下：

第一步：根据资料建立"综合资本成本计算模型"工作表，如图 3-12 所示。

第二步：计算综合资本成本的资本价值的总和。在单元格 B8 中输入公式"=SUM(B3:B7)"。

第三步：计算权重系数。选中单元格 C3 到 C7 区域，输入公式"=B3:B7/B8"，按【Ctrl+Shift+Enter】组合键，结束公式输入。

第四步：计算权重系数总和。在单元格 C8 中输入公式"=SUM(C3:C7)"。

第五步：计算综合资本成本。在单元格 D8 中输入公式"=SUMPRODUCT(C3:C7,D3:D7)"，得出综合资本成本为 8.32%。计算结果如图 3-13 所示。

	A	B	C	D
1	综合资本成本计算模型			
2	筹资方式	资本价值	权重系数	资本成本
3	长期借款	200.00		5.25%
4	公司债券	600.00		7.89%
5	优先股	500.00		1.89%
6	普通股	1000.00		12.50%
7	留存收益	800.00		8.19%
8	综合资本成本			

图 3-12 综合资本成本计算题例

	A	B	C	D
1	综合资本成本计算模型			
2	筹资方式	资本价值	权重系数	资本成本
3	长期借款	200.00	6.45%	5.25%
4	公司债券	600.00	19.35%	7.89%
5	优先股	500.00	16.13%	1.89%
6	普通股	1000.00	32.26%	12.50%
7	留存收益	800.00	25.81%	8.19%
8	综合资本成本	3100.00	100.00%	8.32%

图 3-13 综合资本成本计算结果

三、边际资本成本分析

(一) 边际资本成本的含义

边际资本成本是指企业每增加一个单位量的资本而增加的成本。通常,资本成本率在一定范围内不会改变,而在保持某资本成本率的条件下可以筹集到的资本总额称为保持现有资本结构下的筹资突破点,一旦筹资额超过突破点,即使维持现有的资本结构,其资本成本率也会增加。

(二) 确定边际资本成本的操作步骤

(1) 确定追加筹资的目标资本结构。
(2) 测算个别资本在不同筹资额度内的资本成本。
(3) 计算筹资总额的成本分界点。

(三) 案例分析

1. 追加筹资时资本成本不变

【案例1】 金腾集团计划筹资 2 000 万元,在资本结构保持不变的情况下,计算边际资本成本。操作步骤如下:

第一步:建立"资本结构不变追加筹资额边际资本成本计算模型"工作表,如图 3-14 所示。

	A	B	C	D	E
1	资本结构不变追加筹资额边际资本成本计算模型				
2	筹资方式	个别资本成本	资本结构保持不变	追加筹资额	边际资本成本
3	长期借款	5.25%	6.45%		
4	公司债券	7.89%	19.35%		
5	优先股	1.89%	16.13%		
6	普通股	12.50%	32.26%		
7	留存收益	8.19%	25.81%		
8	合计	8.32%	100.00%	2 000.00	

图 3-14 资本结构不变追加筹资额边际资本成本计算题例

第二步:计算单项追加筹资额。在单元格 D3 中输入公式"=$D$8*C3",并向下填充复制公式到单元格 D7,得出单项筹资额。

第三步:计算单项边际资本成本。选中单元格 E3 到 E7 区域,输入公式"=B3:

B7*C3：C7"，按【Ctrl+Shift+Enter】组合键，得出单项边际资本成本。

第四步：计算总边际资本成本。可以在单元格 E8 中输入公式"=SUM(E3：E7)"得出结果，也可以在单元格 E8 中输入公式"=SUMPRODUCT(B3：B7,C3：C7)"得出结果，如图 3-15 所示。

	A	B	C	D	E
1	资本结构不变追加筹资额边际资本成本计算模型				
2	筹资方式	个别资本成本	资本结构保持不变	追加筹资额	边际资本成本
3	长期借款	5.25%	6.45%	129.03	0.34%
4	公司债券	7.89%	19.35%	387.10	1.53%
5	优先股	1.89%	16.13%	322.58	0.30%
6	普通股	12.50%	32.26%	645.16	4.03%
7	留存收益	8.19%	25.81%	516.13	2.11%
8	合计	8.32%	100.00%	2 000.00	8.32%

图 3-15　资本结构不变追加筹资额边际资本成本计算结果

从【案例 1】分析可以看出，追加筹资时资本成本不变，单项边际资本成本改变，但总边际资本成本不变。

【案例 2】　按照【案例 1】资料，在资本结构发生改变的情况下，计算边际资本成本。操作步骤如下：

第一步：建立"资本结构改变追加筹资额边际资本成本计算模型"工作表，如图 3-16 所示。

	A	B	C	D	E
9	资本结构改变追加筹资额边际资本成本计算模型				
10	筹资方式	个别资本成本	资本结构发生变化	追加筹资额	边际资本成本
11	长期借款	5.25%	12.00%		
12	公司债券	7.89%	22.00%		
13	优先股	1.89%	20.00%		
14	普通股	12.50%	28.00%		
15	留存收益	8.19%	18.00%		
16	合计	8.32%	100.00%	2 000.00	

图 3-16　资本结构改变追加筹资额边际资本成本计算题例

第二步：计算单项追加筹资额。在单元格 D11 中输入公式"=$D$16*C11"，并向下填充复制公式到单元格 D15，得出单项筹资额。

第三步：计算单项边际资本成本。选中单元格 E11 到 E15 区域，输入公式"=B11：B15*C11：C15"，按【Ctrl+Shift+Enter】组合键，得出单项边际资本成本。

第四步：计算总边际资本成本。可以在单元格 E16 中输入公式"=SUM(E11：

E15)"得出结果,也可以在单元格 E8 中输入公式" = SUMPRODUCT(B11:B15, C11:C15)"得出结果,如图 3-17 所示。

筹资方式	个别资本成本	资本结构发生变化	追加筹资额	边际资本成本
长期借款	5.25%	12.00%	240.00	0.63%
公司债券	7.89%	22.00%	440.00	1.74%
优先股	1.89%	20.00%	400.00	0.38%
普通股	12.50%	28.00%	560.00	3.50%
留存收益	8.19%	18.00%	360.00	1.47%
合计	8.32%	100.00%	2 000.00	7.72%

图 3-17 资本结构改变追加筹资额边际资本成本计算结果

从【案例 2】分析可以看出,追加筹资时资本成本改变,边际资本成本也改变,即追加筹资时边际资本成本随资本结构变化而变化。

2. 追加筹资时资本成本改变

【案例 3】 假设金腾集团追加筹资时改变资本成本,目标资本结构和个别资本成本的有关资料如图 3-18 所示。试编制该集团的边际资本成本规划。操作步骤如下:

第一步:建立"资本成本改变追加筹资额分界点计算模型"工作表,如图 3-18 所示。

筹资方式	目标资本结构	新筹资额(下限)	新筹资额(上限)	资本成本	筹资总额分界点计算
长期借款	15%	0	45	3%	
		45	90	5%	
		90	以上	7%	
长期债券	25%	0	200	10%	
		200	400	11%	
		400	以上	12%	
普通股	60%	0	300	13%	
		300	600	14%	
		600	以上	15%	

图 3-18 资本成本改变追加筹资额分界点计算题例

第二步:计算筹资总额分界点。在单元格 F3 中输入公式" = D3/$B$3",并向下填充复制公式到单元格 F4,得出长期借款筹资总额分界点。用同样的方法得出长期债券和普通股筹资总额分界点,如图 3-19 所示。

筹资方式	目标资本结构	新筹资额（下限）	新筹资额（上限）	资本成本	筹资总额分界点计算
长期借款	15%	0	45	3%	300
		45	90	5%	600
		90	以上	7%	
长期债券	25%	0	200	10%	800
		200	400	11%	1 600
		400	以上	12%	
普通股	60%	0	300	13%	500
		300	600	14%	1 000
		600	以上	15%	

图3-19 各种筹资方式筹资总额分界点计算结果

第三步：根据上一步计算出的筹资总额分界点，可以得到7组筹资总额范围：0—300万元；300万—500万元；500万—600万元；600万—800万元；800万—1 000万元；1 000万—1 600万元；1 600万元以上。根据这7组筹资总额范围，建立"资本成本改变追加筹资额边际资本成本计算模型"工作表，如图3-20所示。

筹资总额范围（下限）	筹资总额范围（上限）	筹资方式	目标资本结构	资本成本	边际资本成本
0	300	长期借款	15%	3%	10.75%
		长期债券	25%	10%	
		普通股	60%	13%	
300	500	长期借款	15%	5%	11.05%
		长期债券	25%	10%	
		普通股	60%	13%	
500	600	长期借款	15%	5%	11.65%
		长期债券	25%	10%	
		普通股	60%	14%	
600	800	长期借款	15%	7%	11.95%
		长期债券	25%	10%	
		普通股	60%	14%	
800	1 000	长期借款	15%	7%	12.20%
		长期债券	25%	11%	
		普通股	60%	14%	
1 000	1 600	长期借款	15%	7%	12.80%
		长期债券	25%	11%	
		普通股	60%	15%	
1 600	以上	长期借款	15%	7%	13.05%
		长期债券	25%	12%	
		普通股	60%	15%	

图3-20 资本成本改变追加筹资额边际资本成本计算结果

第四步：计算边际资本成本。在单元格F15中输入公式"=SUMPRODUCT(D15：D17，E15：E17)"，得出0—300万元组的边际资本成本。用同样的方法分别计算单元格F18、F21、F24、F27、F30、F33的值，得到筹资总额各区间对应的边际资本成本。计算结果如图3-20所示。

从【例题3】分析可以看出，追加筹资时资本成本改变，边际资本成本会随着筹资总额分界点的变化而变化。

任务三　筹集资金决策方法应用

筹资决策是指为满足企业融资的需要，对筹资途径、筹资数量、筹资时间、筹资成本、筹资风险和筹资方案进行评价和选择，从而确定一个最优资本结构的分析判断过程。

实际操作中，常采用比较资本成本法、每股收益分析法等方法选择最优资本结构。

一、比较资本成本法

（一）比较资本成本法的含义

比较资本成本法是指企业在筹资决策时，首先拟定多个备选方案，分别计算各个方案的加权平均资本成本，并通过相互比较来确定最佳资本结构，即通过计算不同资本结构的综合资本成本率，并以此为标准相互比较，选择综合资本成本率最低的资本结构作为最佳资本结构的方法。

运用比较资本成本法必须具备两个前提条件：一是能够通过债务筹资；二是具备偿还能力。企业资本结构决策，分为初次利用债务筹资和追加筹资两种情况。前者称为初始资本结构决策，后者称为追加资本结构决策。比较资本成本法将资本成本的高低作为选择最佳资本结构的唯一标准。

（二）比较资本成本法程序

（1）拟定几个筹资方案。
（2）确定各方案的资本结构。
（3）计算各方案的加权平均资本成本。
（4）通过比较，选择加权平均资本成本最低的资本结构作为最优资本结构。

（三）相关函数应用

1. MIN 函数

功能：返回一组值中的最小值。
语法：MIN（number1,[number2],…）。

参数说明：

number1：必需。

number2，…：可选。

> **提示** 参数可以是数字或者是包含数字的名称、数组或引用。逻辑值和直接输入参数列表中代表数字的文本被计算在内。

如果参数是一个数组或引用，则只使用其中的数字。数组或引用中的空白单元格、逻辑值或文本将被忽略。

如果参数不包含任何数字，则 MIN 函数返回 0。

如果参数为错误值或为不能转换为数字的文本，将会导致错误。

2. INDEX 函数

功能：返回表格或区域中的值或值的引用。

使用 INDEX 函数有两种方法：

（1）数组形式

功能：返回表格或数组中的元素值，此元素由行号和列号的索引值给定。当函数 INDEX 的第一个参数为数组常量时，使用数组形式。

语法：INDEX（array，row_num，[column_num]）。

参数说明：

array：必需，表示单元格区域或数组常量。如果数组只包含一行或一列，则相对应的参数是 row_num 或 column_num。如果数组有多行和多列，但只使用 row_num 或 column_num，INDEX 函数返回数组中的整行或整列，且返回值也为数组。

row_num：必需，选择数组中的某行，函数从该行返回数值。如果省略 row_num，则必须有 column_num。

column_num：可选，选择数组中的某列，函数从该列返回数值。如果省略 column_num，则必须有 row_num。

> **提示** 如果同时使用参数 row_num 和 column_num，INDEX 函数返回 row_num 和 column_num 交叉处的单元格中的值。

如果将 row_num 或 column_num 设置为 0，INDEX 函数则分别返回整个列或整个行的数组数值。若要使用以数组形式返回的值，请将 INDEX 函数以数组公式形式输入，对于行以水平单元格区域的形式输入，对于列以垂直单元格区域的形式输入。若要输入数组公式，请按【Ctrl+Shift+Enter】组合键。

（2）引用形式

功能：返回指定的行与列交叉处的单元格引用。如果引用由不连续的选定区域组成，可以选择某一选定区域。

语法：INDEX（reference，row_num，[column_num]，[area_num]）。

参数说明：

reference：必需，表示对一个或多个单元格区域的引用。如果引用为一个不连续的区域，必须将其用括号括起来。如果引用中的每个区域只包含一行或一列，则相应的参数是 row_num 或 column_num。例如，对于单行的引用，可以使用函数 INDEX（reference,，column_num）。

row_num：必需，表示引用中某行的行号，函数从该行返回一个引用。

column_num：可选，表示引用中某列的列标，函数从该列返回一个引用。

area_num：可选，在引用中选择要从中返回 row_num 和 column_num 的交叉处的区域。选择或输入的第一个区域编号为 1，第二个为 2，依此类推。如果省略 area_num，则 INDEX 函数使用区域 1。此处列出的区域必须全部位于同一张工作表。如果指定的区域位于不同的工作表，将导致 "#VALUE!" 错误。如果需要使用的范围位于不同工作表，建议使用 INDEX 函数的数组形式，并使用其他函数来计算构成数组的范围。例如，可以使用 CHOOSE 函数计算将使用的范围。

> **提示**　reference 和 area_num 选择了特定的区域后，row_num 和 column_num 将进一步选择特定的单元格：row_num1 为区域的首行，column_num1 为区域的首列，依此类推。INDEX 函数返回的引用即为 row_num 和 column_num 的交叉区域。

如果将 row_num 或 column_num 设置为 0，INDEX 函数分别返回对整列或整行的引用。

row_num、column_num 和 area_num 必须指向 reference 中的单元格，否则，INDEX 函数返回错误值 "#REF!"。如果省略 row_num 和 column_num，INDEX 函数返回由 area_num 所指定的引用中的区域。

INDEX 函数的结果为一个引用，且在其他公式中也被解释为引用。根据公式的需要，INDEX 函数的返回值可以作为引用或数值。

3. MATCH 函数

功能：在给定单元格区域范围内搜索特定的项，然后返回该项在此单元格区域中的相对位置。

语法：MATCH（lookup_value，lookup_array，[match_type]）。

参数说明：

lookup_value：必需，表示要在 lookup_array 中匹配的值。lookup_value 参数可以是数字、文本或逻辑值，或对数字、文本或逻辑值的单元格引用。

lookup_array：必需，表示要搜索的连续单元格区域。

match_type：可选，数字-1、0 或 1。match_type 参数指定了 Excel 将 lookup_value 与 lookup_array 中的值进行匹配的方式。此参数的默认值为 1。

match_type 为 1 或省略：MATCH 函数查找小于或等于 lookup_value 的最大值。lookup_array 参数中的值必须以升序排序，例如，…，-2，-1，0，1，2，…；A—Z；FALSE，TRUE；等等。

match_type 为 0：MATCH 函数查找完全等于 lookup_value 的第一个值。lookup_array 参数中的值可按任意顺序排列。

match_type 为-1：MATCH 函数查找大于或等于 lookup_value 的最小值。lookup_array 参数中的值必须按降序排列，例如，TRUE，FALSE；Z—A；…，2，1，0，-1，-2,…；等等。

> 提示：MATCH 函数返回匹配值在 lookup_array 中的位置，而非其值本身。例如，MATCH（"b"，{a，b，c}）返回 2，即 b 在数组 {a，b，c} 中的相对位置。

匹配文本值时，MATCH 函数不区分大小写字母。

如果 MATCH 函数查找匹配项不成功，它会返回错误值"#N/A"。

如果 match_type 为 0 且 lookup_value 为文本字符串，可在 lookup_value 参数中使用通配符问号"?"和星号"*"。问号匹配任意单个字符；星号匹配任意一串字符。如果要查找实际的问号或星号，须在字符前键入波形符"~"。

例如，公式"=MATCH(28,{6,15,25,33,39},1)"返回 3，由于此处无精确匹配项，因此函数返回数组中最接近 28 的最小值 25 的位置。25 在数组中的位置是 3。

公式"=MATCH（"b"，{a,b,c},0）"返回 2，即 b 在数组中的相对位置。

公式"=MATCH（"b"，{d,c,b,a},-1）"返回 3，即 b 在数组中的相对位置。

（四）案例分析

金腾设备有限公司拟增资 6 000 万元，现有三种不同方案可供选择，有关资料如图 3-21 所示。试用比较资本成本法确定最优方案。操作步骤如下：

第一步：建立"比较资本成本法计算模型"工作表，如图 3-21 所示。

第二步：计算筹资权重系数。在单元格 D3 中输入公式"=C3/$C$8"，并向下填充复制公式到单元格 D7，得出方案 A 权重系数，并在单元格 D8 中求出合计数。

用同样的方法分别求出方案 B、方案 C 的相关数据。

第三步：计算资本成本。在单元格 E8 中输入公式"=SUMPRODUCT(D3:D7,E3:E7)"，求出方案 A 的资本成本。用同样的方法分别求出方案 B、方案 C 的资本成本，结果如图 3-22 所示。

图 3-21　比较资本成本法计算题例

第四步：求最佳方案。在单元格 E21 中输入公式"=MIN(E8,E14,E20)"，求出最小资本成本。在单元格 E22 中输入公式"=INDEX(A3:A20,(MATCH(E21,E8:E20,0)))"，得出最佳方案为方案 A，如图 3-22 所示。

图 3-22　比较资本成本法计算结果

二、每股利润分析法

1. 每股利润分析法的含义

将企业盈利能力与负债对股东财富的影响结合起来,分析资本结构与每股利润之间的关系,进而确定合理的资本结构的方法,叫息税前利润-每股利润分析法,简写为 EBIT-EPS 分析法,也被称为每股利润无差别点法。

EBIT-EPS 分析法是利用息税前利润和每股利润之间的关系来确定最优资本结构的方法。根据这一分析方法,可以分析判断在什么样的息税前利润水平下适于采用何种资本结构。这种方法确定的最佳资本结构亦即每股利润最大的资本结构。

2. 公式

$$\frac{(EBIT-I_1) \times (1-T) - D_1}{N_1} = \frac{(EBIT-I_2) \times (1-T) - D_2}{N_2}$$

式中,$EBIT$——每股利润无差别点处的息税前盈余;

I_1,I_2——两种筹资方式下的年利息;

D_1,D_2——两种筹资方式下的年优先股股利;

N_1,N_2——两种筹资方式下流通在外的普通股股数。

3. 案例分析

金腾集团目前的资本总额为 1 200 万元,其结构为:债务资本 300 万元,年利息为 10%;权益资本 900 万元。现因发展需要,计划筹资 400 万元,这些资金可以利用发行股票来筹集,也可通过发行债券来筹

筹资后不同资本结构　　利用单变量求解
每股利润计算　　　　　息税前利润

集。假定息税前资本利润率为 15%,发行普通股为 40 万股,每股面值 7 元,发行价 10 元(即普通股股本增加 280 万元,资本公积增加 120 万元)。原资本结构和筹资后资本结构情况如图 3-23 所示。操作步骤如下:

第一步:建立"金腾集团筹资前后资本结构计算表"。

第二步:根据"金腾集团筹资前后资本结构计算表",制作"筹资后不同资本结构每股利润计算模型"工作表,根据已知资料,计算预计息税前利润,并分别计算方案 A 和方案 B 的利息、税前利润、净利润。

第三步:计算每万股利润。在单元格 B24 中输入公式"=B22/B23",并向右复制,得到两个方案的 EPS。

	A	B	C	D
1	金腾集团筹资前后资本结构计算表			单位：万元
2	筹资方式	现有资本结构	追加筹资后资本结构	
3			增发普通股（方案A）	增发债券（方案B）
4	资本总额	1 200	1 600	1 600
5	债务资本	300	300	700
6	普通股总额	640	920	640
7	普通股份数（万股）	80	120	80
8	每股面值（元）	7	7	7
9	资本公积	110	230	110
10	留存收益	150	150	150

图 3-23　金腾集团筹资前后资本结构计算表

第四步：计算不同方案下每股利润差异目标函数。在单元格 B25 中输入公式"=(B15-B18)*(1-B20)/B23-(B15-C18)*(1-C20)/C23"，得出结果。也可以用公式"=B24-C24"求得。结果如图 3-24 所示。

	A	B	C
11	筹资后不同资本结构每股利润计算模型		单位：万元
12	项目	增发普通股（方案A）	增发债券（方案B）
13	筹资后资本	1 600	
14	预计资本利润率	15%	
15	息税前利润（EBIT）	240	
16	债务资本	300	700
17	债务利率	10%	10%
18	利息	30	70
19	税前利润	210	170
20	所得税税率	25%	25%
21	减：所得税	52.5	42.5
22	净利润	157.5	127.5
23	普通股份数（万股）	120	80
24	每万股利润（EPS）	1.312 5	1.593 75
25	不同方案下每股利润差异目标函数		-0.281 25

图 3-24　筹资后不同资本结构每股利润计算结果

第五步：利用【单变量求解】求 EBIT。在【数据】选项卡上的【数据工具】组中单击【模拟分析】按钮，然后在提示菜单中选择【单变量求解】选项，打开【单变量求解】对话框。

在【目标单元格】框中输入单元格的引用，这里是 C25；在【目标值】框中输入用户希望得到的数额，这里是 0；在【可变单元格】框中输入要调整的值的单元格引用，这里是 B15，如图 3-25

图 3-25　单变量求解对话框中的参数设置

所示。

第六步：单击【确定】按钮后，系统进行计算，得出 EBIT 的值为 150 万元，如图 3-26 所示。

项目	增发普通股（方案A）	增发债券（方案B）
筹资后不同资本结构每股利润计算模型 单位：万元		
筹资后资本	1 600	
预计资本利润率	15%	
息税前利润（EBIT）	150	
债务资本	300	700
债务利率（10%）	10%	10%
利息	30	70
税前利润	120	80
所得税税率	25%	25%
减：所得税	30	20
净利润	90	60
普通股份数（万股）	120	80
每万股利润（EPS）	0.75	0.75
不同方案下每股利润差异目标函数		0

图 3-26 利用单变量求解息税前利润计算结果

从计算分析可以得出，EBIT 等于 150 万元时，两种筹资方式的 EPS 相等，则理论上两种筹资方式是等效的。当 EBIT 小于 150 万元时，增发普通股筹资的 EPS 大于增发债券筹资的 EPS，则应进行增发普通股筹资。反之，当 EBIT 大于 150 万元时，增发债券筹资的 EPS 大于增发普通股筹资的 EPS，则应进行负债筹资，本案例中增发债券（方案 B）是优选方案。

 思考与练习

一、资金需求量分析

1. 销售百分比法

某集团 2019 年实现销售收入 181 000 万元，净利润 18 880 万元，分配利润 14 000 万元。预计 2020 年销售收入为 250 000 万元，请对该集团 2020 年外部筹资额进行预测。资料如表 3-3 所示。

表 3-3　某集团简要资产负债表（2019 年 12 月 31 日）　　　　单位：万元

资　　产		负债和所有者权益	
货币资金	25 000	应付票据	25 000
应收账款	35 000	应付账款	35 000
存货	60 000	长期借款	60 000
固定资产（净值）	80 000	实收资本	70 000
无形资产	10 000	留存收益	20 000
总计	210 000	总计	210 000

2．线性回归法

金盛公司 2017—2019 年产销量和资金占用详细情况如表 3-4 所示。假定金盛公司 2020 年产销量为 300 万件，请根据资料用线性回归函数预测该公司 2020 年资金需求量。

表 3-4　产销量和资金占用量表

年　度	产销量 X（万件）	资金占用量 Y（万元）
2017	110	90
2018	90	70
2019	120	100
2020	300	

二、筹资成本分析

1．个别资本成本

金盛公司取得 8 年期长期借款 800 万元，年利率为 10%，每年付息一次，到期一次还本，筹资费率为 0.6%，所得税税率为 25%。请利用 Excel 表格进行长期借款资本成本的计算。

2．长期债券资本成本

金盛公司发行面额为 700 万元的 5 年期债券，票面利率为 8%，发行费率为 6%，发行价格为 650 万元，所得税税率为 25%。请利用 Excel 表格进行长期债券资本成本的计算。

3．普通股资本成本

金盛公司以面值发行普通股 4 000 万元，筹资费率为 5%，第一年的股利率为 8%，以后每年增长 5%。请利用 Excel 表格分别进行普通股资本成本三种方式的计算。

4. 优先股资本成本

金盛公司以面值 1 元、发行价 3 元,发行优先股 100 万股,筹资费率为 5%,年股息率为 10%。请利用 Excel 表格进行优先股资本成本的计算。

5. 综合资本成本

金盛公司各项资本项目的资料如图 3-27 所示。请利用 Excel 表格进行综合资本成本的计算。

	A	B	C	D
1	筹资方式	资本价值	权重系数	资本成本
2	长期借款	300		6.30%
3	公司债券	900		7.47%
4	优先股	750		2.27%
5	普通股	1 500		15.00%
6	留存收益	1 200		9.83%
7	综合资本成本			

图 3-27 综合资本成本计算资料

项目四 Excel 在营运资金管理中的应用

学习目的

理解营运资金的要点,掌握现金管理、存货管理、应收账款管理的具体内容及在 Excel 系统中的计算方法及计算公式,结合案例运用 Excel 对现金持有量、存货经济批量、应收账款管理进行综合计算分析。

营运资金又称营运资本,是指流动资产减去流动负债后的余额,是流动资产的一个有机组成部分。在企业流动资产中,来源于流动负债的部分由于面临着债权人的短期索求权,因而企业无法在较长期限内自由运用。营运资金即扣除短期负债后的剩余流动资产,能够为企业提供一个较为宽裕的自由使用期间。根据"资产(流动资产+非流动资产)=负债(流动负债+长期负债)+所有者权益"这一平衡关系,可知"营运资金=流动资产-流动负债=长期负债+所有者权益-非流动资产"。所谓营运资金实际上就是企业以长期负债和主权资本等为来源的那部分流动资产。营运资金的两种表达方式其实是资金占用与资金来源统一体的两个方面。对营运资金的管理,既要具体地分析流动资产与流动负债的比较差异,搞好营运资金管理和流动负债筹资管理,又要从企业资金运动的全过程进行系统把握,做好营运资金的综合管理。本章将运用 Excel 的一系列功能,帮助企业保持合理的现金持有量、存货经济批量,加强企业的应收账款管理,使企业能可持续的发展。

任务一 Excel 在现金管理中的应用

现金是指在生产经营过程中暂时停留在货币形态的资金,包括库存现金、银行存款、银行本票、银行汇票等。现金是企业所有资产中流动性最强的资产,拥有一定数量的现金能够满足企业正常交易、防范风险及投资动机的需要,但会引起现金的机会成本、管理成本、转换成本等现金持有成本的增加。因此，保持适量的现金对企业而言关系重大。企业的最佳现金持有量可以通过成本分析模型和存货管理等确定。

一、现金成本管理

1. 现金成本分析模型的含义

现金成本分析模型是通过分析与现金持有量相关的成本，如机会成本、管理成本、转换成本等，选择现金持有总成本最低时的现金持有量作为企业最佳现金持有量的一种方法。

2. 相关函数应用

SUM 函数是求和函数。

3. 计算公式

现金持有总成本 = 机会成本 + 短缺成本

4. 案例分析

金腾集团有 A、B、C、D 四种现金持有方案，有关成本资料如图 4-1 所示。计算四种方案的现金持有总成本，并确定该集团的最佳现金持有量。

现金持有
总成本计算题例

	A	B	C	D	E
1	四种现金持有方案				单位：元
2	项目	A方案	B方案	C方案	D方案
3	现金持有量	30 000	40 000	50 000	60 000
4	机会成本	2 600	3 400	4 200	5 000
5	短缺成本	4 000	2 400	1 000	100

图 4-1　金腾集团现金持有方案

思路：成本分析模型下的最佳现金持有量，就是与现金持有量相关的机会成本与短缺成本之和最小的现金持有量。该模型应先分别计算出各种方案的机会成本与短缺成本之和，再从中选出总成本最低的现金持有量即为最佳现金持有量。

操作步骤如下：

第一步：创建名称为"营运资金管理"的工作簿，并在"营运资金管理"工作簿中创建名称为"现金管理—成本分析模型"的 Excel 工作表。

第二步：在 Excel 工作表中输入题目的基本信息，如图 4-2 所示。

	A	B	C	D	E
1	四种现金持有方案				单位：元
2	项目	A方案	B方案	C方案	D方案
3	现金持有量	30 000	40 000	50 000	60 000
4	机会成本	2 600	3 400	4 200	5 000
5	短缺成本	4 000	2 400	1 000	100

图 4-2　金腾集团现金持有总成本计算题例

第三步：将计算需要的参数变量信息及公式输入 Excel 工作表内求值，如图 4-3 所示。

	A	B	C	D	E
1	四种现金持有方案				单位：元
2	项目	A方案	B方案	C方案	D方案
3	现金持有量	30 000	40 000	50 000	60 000
4	机会成本	2 600	3 400	4 200	5 000
5	短缺成本	4 000	2 400	1 000	100
6					
7	项目	A方案	B方案	C方案	D方案
8	机会成本	2 600	3 400	4 200	5 000
9	短缺成本	4 000	2 400	1 000	100
10	总成本	6 600	5 800	5 200	5 100

图 4-3　金腾集团现金持有总成本计算结果

第四步：在单元格 B10 中输入公式"=SUM(B8:B9)"，然后将单元格 B10 复制到单元格 C10、D10、E10 中（可以使用填充柄拖动完成），操作完毕得出总成本的值。

将以上四种方案的总成本比较可知，D 方案总成本最低。也就是说，当企业持有60 000元现金时，各类现金持有成本的总和最低，故 60 000 元是该集团的最佳现金持有量。

二、现金持有量的存货模型

1. 存货模型的含义

存货模型是将现金看作企业的一种特殊存货，按照存货管理中的经济批量原理确定企业最佳现金持有量的方法。在存货模型中，只对现金持有的机会成本及现金与有价证券之间的固定转换成本予以考虑。其中，现金持有的机会成本随着现金持有量的增加而增加，而转换成本则呈现出相反的变动趋势。因此，能够使现金持有的机会成本及现金与有价证券之间的转换成本之和保持最低的现金持有量，即为企业的最佳现金持有量。

存货模型可以较精确地测算出最佳现金持有量和有价证券的变现次数，对企业的现金管理和有价证券管理有一定作用，但存货模型的前提条件局限性较大，使得这种模型的运用受到限制，因此，运用存货模型有必要同财务管理人员的经验相结合。

2. 计算公式

$$Q = \sqrt{2TF/K}$$

式中，Q——最佳现金持有量；

T——企业在一定时期内的现金需求总量；

F——每次转换成本；

K——有价证券收益率。

3. 相关函数应用

SQRT 函数可以用于计算某一数值的平方根。该函数的语法为 SQRT（number），其中参数 number 是要计算的数值。如果参数 number 为负值，则 SQRT 函数将返回错误值 "#NUM！"。

4. 案例分析

金腾集团现金收支比较稳定，预计全年需要现金 100 万元，现金与有价证券之间的每次转换成本为 300 元，有价证券的收益率为 6%。请运用存货模型确定该集团的最佳现金持有量。

现金持有量的
存货模型计算题例

思路：运用存货模型确定最佳现金持有量时，只对现金持有的机会成本和固定转换成本予以考虑。该案例可以根据存货模型确定最佳现金持有量的公式运用开根号函数 SQRT 求解。

操作步骤如下：

第一步：在"营运资金管理"工作簿中创建名称为"现金管理—存货模型"的 Excel 工作表。

第二步：在 Excel 工作表中输入题目的基本信息，如图 4-4 所示。

	A	B
1	存货模型	
2	全年需要的现金	1 000 000
3	现金与有价证券的转换成本（元/次）	300
4	有价证券的收益率	6%

图 4-4 现金持有量的存货模型计算题型

第三步：将计算需要的参数变量信息及公式输入 Excel 工作表内求值，如图 4-5 所示。

	A	B
1	存货模型	
2	全年需要的现金	1 000 000
3	现金与有价证券的转换成本（元/次）	300
4	有价证券的收益率	6%
5		
6	最佳现金持有量	100 000
7	最低现金管理相关总成本	6 000
8	转换成本	
9	持有机会成本	
10	有价证券交易次数	
11	有价证券交易间隔区	

图 4-5　现金持有量的存货模型计算结果

根据最佳现金持有量的公式 $Q=\sqrt{2TF/K}$ 在 Excel 中选用开根号函数 "=SQRT(number)"。

① 在单元格 B6 中输入公式 "=SQRT(2*B2*B3/B4)"，求得最佳现金持有量为 100 000 元。

② 在单元格 B7 中输入公式 "=SQRT(2*B2*B3*B4)"，求得最低现金管理相关总成本为 6 000 元。

任务二　Excel 在存货管理中的应用

存货是企业在生产经营过程中为生产或销售目的而储备的物资，具有防止停工材料、适应市场变化、降低进货成本、维持均衡生产等功能，但也造成了存货的机会成本、储存成本等成本的增加。财务管理中对存货的管理主要是通过确定存货的经济订货批量和存货 ABC 管理法等方法来实施。

一、存货经济订货批量模型

1. 存货经济订货批量的基本条件

（1）企业能及时补充存货。

（2）存货能集中到货。

（3）不存在缺货现象。

（4）企业在一定时期的存货需求总量可以比较准确地预计。

（5）存货的单价不变。

2. 计算公式

经济订货批量（利用求导得出）为：

$$Q = \sqrt{2AB/C}$$

年度最佳订货次数为：

$$N = A/Q = \sqrt{AC/2B}$$

经济订货批量平均占用资金为：

$$W = QP/2 = P\sqrt{AB/2C}$$

存货相关总成本为：

$$TC = \sqrt{2ABC}$$

最佳订货周期为：

$$T = 360/N$$

式中，A——订货总量；

P——存货单价；

Q——订货批量；

B——每次订货成本；

C——单位储存成本。

3. 案例分析

金腾集团每年需耗用甲材料 5 000 千克，该材料单位采购成本 35 元，年单位储存成本 6 元，一次订货成本 75 元。求该材料的经济订货批量、最佳订货次数。

思路：该案例为运用存货经济订货批量基本模型计算材料的经济订货批量、最佳订货次数问题，可以通过存货经济订货批量基本模型的相关公式运用开根号函数 SQRT 求解。

存货经济订货批量基本模型计算题例

操作步骤如下：

第一步：在"营运资金管理"工作簿中创建名称为"存货经济订货批量基本模型"的 Excel 工作表。

第二步：在 Excel 工作表中输入题目的基本信息，如图 4-6 所示。

	A	B
1	存货经济订货批量基本模型	
2	全年需要量（千克）	5 000
3	一次订货成本（元）	75
4	材料单价（元）	35
5	年单位存储成本（元）	6

图 4-6　存货经济订货批量基本模型计算题例

第三步：将计算需要的参数变量信息及公式输入 Excel 表内求值，如图 4-7 所示。

将经济订货批量、年度最佳订货次数、经济订货批量平均占用资金、存货相关总成本、最佳订货周期的公式输入 Excel 工作表中，计算各项目的值。

① 在单元格 B7 中输入公式"＝SQRT(2＊B2＊B3/B5)"，求得经济订货批量的值。

② 在单元格 B8 中输入公式"＝SQRT(2＊B2＊B3＊B5)"，求得存货相关总成本的值。

	A	B
1	存货经济订货批量基本模型	
2	全年需要量（千克）	5 000
3	一次订货成本（元）	75
4	材料单价（元）	35
5	年单位存储成本（元）	6
6		
7	经济订货批量（千克）	354
8	存货相关总成本（元）	2 121
9	年度最佳订货次数（次）	14
10	经济订货批量平均占用资金（元）	6 187
11	最佳订货周期（天）	25

图 4-7　存货经济批量基本模型计算结果

③ 在单元格 B9 中输入公式"＝B2/B7"，求得年度最佳订货次数的值。

④ 在单元格 B10 中输入公式"＝B4＊B7/2"，求得经济订货批量平均占用资金的值。

⑤ 在单元格 B11 中输入公式"＝360/B9"，求得最佳订货周期的值。

计算结果表明，该集团甲材料每次订货批量为 354 千克为最佳批量，因为其相关订货成本与储存成本的年度总额最低，即 2 121 元。经济订货批量平均占用资金 6 187 元，该集团的年度最佳订货次数为 14 次，最佳订货周期为 25 天。

二、允许缺货情况下的经济批量模型

1. 允许缺货情况下确定存货最佳经济批量的基本条件

（1）订货成本。

（2）储存成本。

（3）缺货成本。

2. 计算公式

允许缺货情况下的最佳经济批量为：

$$Q=\sqrt{\frac{2AB}{C}\times(C+R)/R}$$

平均缺货量为：

$$S=Q\times C/(C+R)$$

式中，A——订货总量；

Q——允许缺货时的经济批量；

B——每次订货成本；

C——单位储存成本；

R——单位缺货成本；

S——平均缺货量。

3. 案例分析

金腾集团每年需耗用乙材料 60 000 千克，年单位储存成本 6 元，一次订货成本 80 元，单位缺货成本 10 元。求允许缺货情况下该材料的经济批量及平均缺货量。

思路：该案例为运用允许缺货情况下的经济批量模型计算材料的经济批量、平均缺货量问题。允许缺货情况下确定存货的经济批量要考虑的成本有三项：订货成本、储存成本和缺货成本。该问题可以通过允许缺货情况下的经济批量模型运用开根号函数 SQRT 求解。

操作步骤如下：

第一步：在"营运资金管理"工作簿中创建名称为"允许缺货情况下的经济批量模型"的 Excel 工作表。

第二步：在 Excel 工作表中输入题目的基本信息，如图 4-8 所示。

	A	B
1	允许缺货情况下的经济批量模型	
2	全年需要量（千克）	60 000
3	一次订货成本（元）	80
4	单位缺货成本（元）	10
5	年单位储存成本（元）	6
6		
7	允许缺货情况下的最佳经济批量（千克）	
8	平均缺货量（千克）	

图 4-8 允许缺货情况下的经济批量模型计算题例

第三步：将计算需要的参数变量信息及公式输入 Excel 工作表内求值，如图 4-9 所示。

	A	B
1	允许缺货情况下的经济批量模型	
2	全年需要量（千克）	60 000
3	一次订货成本（元）	80
4	单位缺货成本（元）	10
5	年单位储存成本（元）	6
6		
7	允许缺货情况下的最佳经济批量（千克）	1 600
8	平均缺货量（千克）	600

图 4-9　允许缺货情况下的经济批量模型计算结果

将允许缺货情况下存货的最佳经济批量、平均缺货量的公式输入 Excel 工作表中，计算各项目的值。

① 在单元格 B7 中输入公式"=SQRT(2*B2*B3/B5*(B5+B4)/B4)"，求得允许缺货情况下的经济批量的值。

② 在单元格 B8 中输入公式"=B7*B5/(B5+B4)"，求得平均缺货量的值。

通过以上计算可知，该材料在允许缺货情况下的最佳经济批量为 1 600 千克，平均缺货量为 600 千克。

三、存货 ABC 管理法

（一）存货 ABC 管理法的含义

在企业中，原材料、包装物、产品等存货品种众多，价格悬殊，管理难度较大。存货 ABC 管理法是依据重要性原则，按照各种存货的资金占用额度把企业的所有存货划分成 A、B、C 三类，分别进行管理的存货控制方法。

（二）存货 ABC 管理法的特点

1. A 类存货的特点

A 类存货资金占用额度大，但品种数量较少，应重点规划和控制。

2. B 类存货的特点

B 类存货资金占用额度一般，但品种数量相对较多，应进行次重点管理。

3. C 类存货的特点

C 类存货资金占用额度较小，但品种数量繁多，只进行一般管理即可。存货 ABC 管理法是以各种存货的资金占用额度为主要标准对存货进行分类的。

（三）相关函数应用

IF 函数又称条件函数，根据参数条件，对数值和公式进行条件检测，返回不同的结果。IF 函数的语法为 IF（logical_test，[value_if_true]，[value_if_false]）。

参数说明：

logical_test：条件表达式，其结果是 TRUE 或 FALSE，可以使用任何运算。

value_if_true：表示当 logical_test 为 TRUE 时返回的值。

value_if_false：表示当 logical_test 为 FALSE 时返回的值。

在本项目中，IF 函数主要用于存货的 ABC 管理。

（四）案例分析

金腾集团生产所需的原材料有 20 种，均需外购，各种原材料的市场价格及全年需要量如图 4-10 所示。请对该集团的原材料存货进行 ABC 分类管理。

	A	B	C	D	E	F
1	金腾集团原材料明细表					
2	材料编码	单价（元/千克）	全年需用量（千克）	材料编码	单价（元/千克）	全年需用量（千克）
3	C01	9	300	C011	0.2	2 000
4	C02	6	6 000	C012	0.6	12 000
5	C03	3	9 000	C013	15	1 100
6	C04	0.8	10 000	C014	12.5	2 300
7	C05	1.2	4 000	C015	2.3	2 800
8	C06	25	6 000	C016	4.1	5 000
9	C07	1.4	46 000	C017	6.6	8 000
10	C08	0.5	30 000	C018	8.9	580
11	C09	3.8	1 300	C019	5.8	650
12	C10	3.1	8 000	C020	6.4	1 000

图 4-10 金腾集团原材料明细表

思路：存货 ABC 管理法是按照一定标准把企业的所有存货划分成 A、B、C 三类，分别进行管理的存货控制方法。其中，A 类存货是重点存货，应重点规划和控制；B 类存货应进行次重点管理；C 类存货只进行一般管理。存货 ABC 管理法是以各种存货的资金占用额度为主要标准对存货进行分类的。利用 Excel 软件的排序功能可以轻松实现存货的 ABC 分类管理。

操作步骤如下：

第一步：在"营运资金管理"工作簿中创建名称为"原材料 ABC 分类表"的 Excel 工作表。

第二步：在 Excel 工作表中输入题目的基本信息，如图 4-11 所示。

	A	B	C	D	E	F	G
1	原材料ABC分类表						
2	材料编码	单位（元/千克）	全年需求量（千克）	金额（元）	比例	累计比重	存货类别
3	C001	9	300				
4	C002	6	6 000				
5	C003	3	9 000				
6	C004	0.8	10 000				
7	C005	1.2	4 000				
8	C006	25	6 000				
9	C007	1.4	46 000				
10	C008	0.5	30 000				
11	C009	3.8	1 300				
12	C010	3.1	8 000				
13	C011	0.2	2 000				
14	C012	0.6	12 000				
15	C013	15	1 100				
16	C014	12.5	2 300				
17	C015	2.3	2 800				
18	C016	4.1	5 000				
19	C017	6.6	8 000				
20	C018	8.9	580				
21	C019	5.8	650				
22	C020	6.4	1 000				
23	合计						

图 4-11 存货 ABC 管理法计算题例

第三步：将需要的参数变量信息及公式输入 Excel 工作表内求值。

① 在单元格 D3 中输入公式"=B3*C3"，再将单元格 D3 复制到单元格 D4 到 D22 区域中，求得各种原材料一年占用资金的数额。

② 在单元格 D23 中输入公式"=SUM(D3:D22)"，求得原材料占用资金总额。

③ 在单元格 E3 中输入公式"=D3/$D$23"，再将单元格 E3 复制到单元格 E4 到 E23 区域中，求得各种原材料占用资金的数额占原材料占用资金总额的比例（注意：应把单元格 E3 到 F23 区域的单元格设置成百分比形式）。

④ 选择单元格 A2 到 E22 区域，单击【数据】选项卡下【排序和筛选】组中的【排序】按钮，弹出【排序】对话框。在该对话框中，主要关键字选择【金额（元）】，排序依据选择【数值】，次序选择【降序】，单击【确定】按钮，得到各类原材料按资金占用额从大到小排列的数据。

⑤ 在单元格 F3 中输入公式"=E3"，单元格 F4 中输入公式"=F3+E4"，再将单元格 F4 复制到单元格 F5 到 F22 区域中，求得原材料资金占用的累计比例。

⑥ 在单元格 G3 中输入公式"=IF(F3<=75%,"A",IF(F3<=95%,"B","C"))"，再将单元格 G3 复制到单元格 G4 到 G22 区域中，把所有原材料分成 A、B、C 三类，如图 4-12 所示。

通过以上计算分析可知，C006、C007、C017、C002、C014、C003 材料是该公司的 A 类存货，应重点管理；C010、C016、C013、C008、C004、C012、C015 材料是该公司的 B 类存货，应进行次重点管理；其余材料是 C 类存货，只进行一般管理即可。

	A	B	C	D	E	F	G
1			原材料ABC分类表				
2	材料编码	单位（元/千克）	全年需用量（千克）	金额（元）	比例	累计比重	存货类别
3	C006	25	6 000	15 0000	30.89%	30.89%	A
4	C007	1.4	46 000	64 400	13.26%	44.16%	A
5	C017	6.6	8 000	52 800	10.87%	55.03%	A
6	C002	6	6 000	36 000	7.41%	62.44%	A
7	C014	12.5	2 300	28 750	5.92%	68.36%	A
8	C003	3	9 000	27 000	5.56%	73.92%	A
9	C010	3.1	8 000	24 800	5.11%	79.03%	B
10	C016	4.1	5 000	20 500	4.22%	83.25%	B
11	C013	15	1 100	16 500	3.40%	86.65%	B
12	C008	0.5	30 000	15 000	3.09%	89.74%	B
13	C004	0.8	10 000	8 000	1.65%	91.39%	B
14	C012	0.6	12 000	7 200	1.48%	92.87%	B
15	C015	2.3	2 800	6 440	1.33%	94.20%	B
16	C020	6.4	1 000	6 400	1.32%	95.52%	C
17	C018	8.9	580	5 162	1.06%	96.58%	C
18	C009	3.8	1 300	4 940	1.02%	97.60%	C
19	C005	1.2	4 000	4 800	0.99%	98.59%	C
20	C019	5.8	650	3 770	0.78%	99.36%	C
21	C001	9	300	2 700	0.56%	99.92%	C
22	C011	0.2	2 000	400	0.08%	100.00%	C
23	合计			485 562	100.00%		

图 4-12　存货 ABC 管理法计算结果

任务三　Excel 在应收账款管理中的应用

应收账款是企业因对外赊销产品、提供劳务等业务产生的应向对方单位收回的款项。对于企业而言，应收账款具有扩大销售、加快存货周转的功能，但同时会引起应收账款的机会成本、管理成本、坏账损失等成本。企业对应收账款的管理是通过制定恰当的信用政策来实施的。信用政策包括信用标准、信用条件及收账政策三项内容。

一、制定信用标准

1. 信用标准的含义

信用标准是指客户获取企业的商业信用所应具备的最低条件，一般利用预计坏账损失率来表示。

2. 计算公式

信用成本前收益＝年赊销额×(1−变动成本率)

信用标准变化后的应收账款机会成本＝年赊销额×平均收账期/360×变动成本率×应收账款机会成本率

信用标准变化后的坏账损失成本＝年赊销额×预计坏账损失率

信用成本后收益=信用成本前收益-信用标准变化后的应收账款机会成本-信用标准变化后的坏账损失成本

3. 案例分析

金腾集团预计下年度销售额为 170 000 元，变动成本率为 55%，应收账款机会成本率为 15%。现行的信用标准为预计坏账损失率在 15% 以下，平均坏账损失率为 10%，平均收账期为 45 天。现金腾集团拟改变信用标准，资料如表 4-1 所示，试对以下 A、B 两种方案做出决策。

信用标准决策计算题例

表 4-1　新信用标准的 A、B 方案　　　　　　　　　　　单位：元

项目	A 方案	B 方案	项目	A 方案	B 方案
信用标准（预计坏账损失率）	5%	15%	平均收账期	65	80
年赊销额	160 000	180 000	预计坏账损失率	6%	13%

思路：从表 4-1 可以看出，较低的信用标准（B 方案）能够增加企业的销售额，但平均收账期较长，预计坏账损失率较高；较高的信用标准（A 方案）则与之相反。为了对两个方案做出决策，我们需要在 Excel 工作表内计算并比较两个方案的信用成本后收益。

操作步骤如下：

第一步：在"营运资金管理"工作簿中创建名称为"信用标准决策"的 Excel 工作表。

第二步：在 Excel 工作表中输入题目的基本信息，如图 4-13 所示。

图 4-13　信用标准决策计算题例

第三步：将计算需要的参数变量信息及公式输入 Excel 工作表内求值，如图 4-14 所示。

	A	B	C
1	信用标准决策		
2	项目		
3	销售收入（元）	170 000	
4	变动成本率	55%	
5	信用标准	15%	
6	平均坏账损失率	10%	
7	平均收账期（天）	45	
8	应收账款机会成本率	15%	
9			
10	项目	A 方案	B 方案
11	改变后信用标准	5%	15%
12	年赊销额	160 000	180 000
13	变动成本	88 000	99 000
14	信用成本前收益（元）	72 000	81 000
15	平均收账期（天）	65	80
16	预计坏账损失率	6%	13%
17	应收账款机会成本（元）	2 383	3 300
18	坏账损失（元）	9 600	23 400
19	信用成本后收益（元）	60 017	54 300

图 4-14　信用标准决策计算结果

① 在单元格 B13 中输入公式"＝B12＊$B$4"，再将单元格 B13 复制到单元格 C13 中，求得 A 方案、B 方案的变动成本。

② 在单元格 B14 中输入公式"＝B12-B13"，再将单元格 B14 复制到单元格 C14 中，求得 A 方案、B 方案的信用成本前收益。

③ 在单元格 B17 中输入公式"＝B12＊B15/360＊$B$4＊$B$8"，再将单元格 B17 复制到单元格 C17 中，求得 A 方案、B 方案的应收账款机会成本。

④ 在单元格 B18 中输入公式"＝B12＊B16"，再将单元格 B18 复制到单元格 C18 中，求得 A 方案、B 方案的坏账损失。

⑤ 在单元格 B19 中输入公式"＝B14-B17-B18"，再将单元格 B19 复制到单元格 C19 中，求得 A 方案、B 方案的信用成本后收益。

比较以上两种方案的信用成本后收益可知，A 方案的信用成本后收益较大，应作为该集团新的信用标准。

二、选择信用条件

1. 信用条件的含义

信用条件是指企业要求客户支付赊销款项的条件，包括信用期限、折扣期限和现金折扣率等。信用条件的基本表达方式如"1/30,N/60"，其中，1 表示现金折扣率为1%，30表示折扣期限为30天，60表示信用期限为60天。一般而言，信用条件越宽松，应收账款的促销作用越明显，但相应的应收账款机会成本、管理成本、坏账损失等成本会增加。

2. 计算公式

信用成本前收益＝年赊销额×(1－变动成本率)

信用条件变化后的应收账款机会成本＝年赊销额×平均收账期/360×变动成本率×应收账款机会成本率

信用条件变化后的现金折扣成本＝年赊销额×需付现金折扣的销售额占总销售额的百分比×现金折扣率

信用条件变化后的坏账损失成本＝年赊销额×预计坏账损失率

信用成本总额＝信用条件变化后的应收账款机会成本＋信用条件变化后的现金折扣成本＋信用条件变化后的坏账损失成本

信用成本后收益＝信用成本前收益－信用成本总额

3. 案例分析

金腾集团预计下年度销售额为150 000元，变动成本率为60%，应收账款机会成本率为15%，信用标准为预计坏账损失率在10%以下，平均坏账损失率为5%，现行的信用条件为N/30。现金腾集团拟改变信用条件，资料如图4-15所示，试对以下A、B两种方案做出决策。

A	B	C
新信用条件的A、B方案		单位：元
项目	A方案	B方案
信用条件	N/40	1/30，N/60
年赊销额	170 000	200 000
预计坏账损失率	11%	10%
现金折扣率	0	1%
享受现金折扣的销售额所占比例	0	50%

图4-15 新信用条件的A、B方案

思路：为了对两个方案做出决策，我们需要在Excel工作表内计算并比较两个方案的信用成本后收益。

操作步骤如下：

第一步：在"营运资金管理"工作簿中创建名称为"信用条件决策"的Excel工作表。

第二步：在Excel工作表中输入题目的基本信息，如图4-16所示。

	A	B	C
1		信用条件决策	
2	项目		
3	销售收入（元）	150 000	
4	变动成本率	60%	
5	信用标准	10%	
6	平均坏账损失率	5%	
7	信用条件	30天付清	
8	应收账款机会成本率	15%	
9			
10	项目	A方案	B方案
11	改变后信用条件	N/40	1/30, N/60
12	年赊销额	170 000	200 000
13	减：变动成本		
14	信用成本前收益		
15	预计坏账损失率	11%	10%
16	享受现金折扣的销售额所占比例	0	50%
17	现金折扣率	0	1%
18	预计收账期		
19	应收账款机会成本（元）		
20	现金折扣成本（元）		
21	坏账损失（元）		
22	信用成本总额		
23	信用成本后收益		

图 4-16 信用条件决策计算题例

第三步：将计算需要的参数变量信息及公式输入 Excel 工作表内求值，如图 4-17 所示。

	A	B	C
1		信用条件决策	
2	项目		
3	销售收入（元）	150 000	
4	变动成本率	60%	
5	信用标准	10%	
6	平均坏账损失率	5%	
7	信用条件	30天付清	
8	应收账款机会成本率	15%	
9			
10	项目	A方案	B方案
11	改变后信用条件	N/40	1/30, N/60
12	年赊销额	170 000	200 000
13	减：变动成本	102 000	120 000
14	信用成本前收益	68 000	80 000
15	预计坏账损失率	11%	10%
16	享受现金折扣的销售额所占比例	0	50%
17	现金折扣率	0	1%
18	预计收账期	40	45
19	应收账款机会成本（元）	1 700	2 250
20	现金折扣成本（元）	0	1 000
21	坏账损失（元）	18 700	20 000
22	信用成本总额	20 400	23 250
23	信用成本后收益	47 600	56 750

图 4-17 信用条件决策计算结果

① 在单元格 B13 中输入公式"＝B12*$B$4"，再将单元格 B13 复制到单元格 C13 中，求得 A 方案、B 方案的变动成本。

② 在单元格 B14 中输入公式"＝B12-B13"，再将单元格 B14 复制到单元格 C14 中，求得 A 方案、B 方案的信用成本前收益。

③ 在单元格 B18 中输入 A 方案的预计收账期"40"，并在单元格 C18 中输入公

式"=30*（1-C16）+60*C16"，求得 B 方案的预计收账期。

④ 在单元格 B19 中输入公式"=B12*B18/360*$B$4*$B$8"，再将单元格 B19 复制到单元格 C19 中，求得 A 方案、B 方案的应收账款机会成本。

⑤ 在单元格 B20 中输入 A 方案的现金折扣成本"0"，并在单元格 C20 中输入公式"=C12*C16*C17"，求得 B 方案的现金折扣成本。

⑥ 在单元格 B21 中输入公式"=B12*B15"，再将单元格 B21 复制到单元格 C21 中，求得 A 方案、B 方案的坏账损失。

⑦ 在单元格 B22 中输入公式"=B19+B20+B21"，再将单元格 B22 复制到单元格 C22 中，求得 A 方案、B 方案的信用成本总额。

⑧ 在单元格 B23 中输入公式"=B14-B22"，再将单元格 B23 复制到单元格 C23 中，求得 A 方案、B 方案的信用成本后收益。

通过以上计算可知，信用条件变化后，A 方案、B 方案带来的收益均为正值，均可行，但 B 方案带来的信用成本后收益大于 A 方案，B 方案更优，所以应选择 B 方案作为该集团新的信用条件。

三、确定收账政策

1. 收账政策的含义

收账政策是指当客户违反信用条件、拖欠甚至拒付账款时，企业应采取的收账策略及措施。收账政策可以大致分为积极的收账政策和消极的收账政策两类。积极的收账政策一般会加快应收账款的回收速度，从而降低应收账款的机会成本、坏账损失等成本，但收账费用较高；而消极的收账政策则与之相反。

2. 计算公式

应收账款的平均占用额＝年赊销款/360×应收账款平均收账期
坏账损失成本＝年赊销额×坏账损失率
收账政策机会成本＝应收账款的平均占用额×变动成本率×应收账款机会成本率
收账政策总成本＝收账政策机会成本＋坏账损失成本＋收账费用

3. 案例分析

金腾集团预计下年度赊销额为 150 000 元，变动成本率为 60%，应收账款机会成本率为 15%，现金腾集团打算变更收账政策，资料如图 4-18 所示，试对该公司收账政策做出决策。

思路：为了对两个方案做出决策，我们需要在 Excel 工作表内计算并比较两个方案的影响。

收账政策
决策计算题例

	A	B	C
1	变更收账政策前、后的方案		单元：元
2	项目	目前方案(A方案)	拟改方案（B方案）
3	每年的收账费用	10 000	20 000
4	平均收账期	60	30
5	坏账损失率	4%	2%

图 4-18　收账政策的 A、B 方案

操作步骤如下：

第一步：在"营运资金管理"工作簿中创建名称为"收账政策决策"的 Excel 工作表。

第二步：在 Excel 工作表中输入题目的基本信息，如图 4-19 所示。

	A	B	C
1	收账政策决策		
2	项目		
3	销售收入（元）	150 000	
4	变动成本率	60%	
5	应收账款机会成本率	15%	
6			
7	项目	A方案	B方案
8	每年的收账费用（元）	10 000	20 000
9	平均收账期（天）	60	30
10	坏账损失率	4%	2%
11	应收账款的平均占用额（元）		
12	坏账损失（元）		
13	收账政策机会成本（元）		
14	收账费用（元）		
15	收账政策总成本（元）		

图 4-19　收账政策决策计算题例

第三步：将计算需要的参数变量信息及公式输入 Excel 工作表内求值，如图 4-20 所示。

	A	B	C
1	收账政策决策		
2	项目		
3	销售收入（元）	150 000	
4	变动成本率	60%	
5	应收账款机会成本率	15%	
6			
7	项目	A方案	B方案
8	每年的收账费用（元）	10 000	20 000
9	平均收账期（天）	60	30
10	坏账损失率	4%	2%
11	应收账款的平均占用额（元）	25 000	12 500
12	坏账损失（元）	6 000	3 000
13	收账政策机会成本（元）	2 250	1 125
14	收账费用（元）	10 000	20 000
15	收账政策总成本（元）	18 250	24 125

图 4-20　收账政策决策计算结果

① 在单元格 B11 中输入公式 "=$B$3/360*B9",再将单元格 B11 复制到单元格 C11 中,求得 A 方案、B 方案的应收账款的平均占用额。

② 在单元格 B12 中输入公式 "=$B$3*B10",再将单元格 B12 复制到单元格 C12 中,求得 A 方案、B 方案的坏账损失。

③ 在单元格 B13 中输入公式 "=B11*$B$4*$B$5",再将单元格 B13 复制到单元格 C13 中,求得 A 方案、B 方案的收账政策机会成本。

④ 在单元格 B14 中输入公式 "=B8",再将单元格 B14 复制到单元格 C14 中,求得 A 方案、B 方案的收账费用。

⑤ 在单元格 B15 中输入公式 "=B12+B13+B14",再将单元格 B15 复制到单元格 C15 中,求得 A 方案、B 方案的收账政策总成本。

通过以上计算可知,A 方案收账政策总成本较低,A 方案更优,应选择 A 方案作为该集团新的收账政策。

思考与练习

一、金盛公司有 A、B、C、D 四种现金持有方案,有关成本资料如图 4-21 所示。

	A	B	C	D	E
1	四种现金持有方案				单位:元
2	项目	A方案	B方案	C方案	D方案
3	现金持有量	30 000	40 000	50 000	60 000
4	机会成本	2 600	3 400	4 200	5 000
5	短缺成本	3 000	2 400	1 000	200

图 4-21 金盛公司四种现金持有方案

要求:计算四种方案的现金持有总成本,并确定该公司的最佳现金持有量。

思路:成本分析模型下的最佳现金持有量,就是与现金持有量相关的机会成本与短缺成本之和最小的现金持有量。该模型应先分别计算出各种方案的机会成本与短缺成本之和,再从中选出总成本最低的现金持有量即为最佳现金持有量。

二、金盛公司每年需耗用甲材料 5 000 千克,该材料单位采购成本 35 元,年单位储存成本 6 元,一次订货成本 75 元。求该材料的经济订货批量、最佳订货次数。

思路:该问题为运用存货经济订货批量基本模型计算材料的经济订货批量、最佳订货次数问题,可以通过存货经济订货批量基本模型的相关公式运用开根号函数 SQRT 求解。

三、金盛公司预计下年度销售额为 170 000 元,变动成本率为 55%,应收账款机会成本率为 15%。现行的信用标准为预计坏账损失率在 15% 以下,平均坏账损失率为 10%,平均收账期为 45 天。现金盛公司拟改变信用标准,资料如表 4-2 所示,试对以下 A、B 两种方案做出决策。

表 4-2　新信用标准的 A、B 方案　　　　　　　　　　　单位：元

项目	A 方案	B 方案	项目	A 方案	B 方案
信用标准（预计坏账损失率）	5%	15%	平均收账期	65	80
年赊销额	150 000	170 000	预计坏账损失率	6%	13%

思路：从表 4-2 可以看出，较低的信用标准（B 方案）能够增加企业的销售额，但平均收账期较长，预计坏账损失率较高；较高的信用标准（A 方案）则与之相反。为了对两个方案做出决策，我们需要在 Excel 工作表内计算并比较两个方案的信用成本后收益。

四、金盛公司全年需要用乙材料 4 000 千克，单位采购成本为 10 元，预计每次订货的变动性订货成本为 50 元，单位材料年平均变动性储存成本为 4 元。假定该材料不存在缺货情况，要求利用 Excel 软件计算：

（1）乙材料的经济订货批量。

（2）经济订货批量下的总成本。

（3）经济订货批量的平均占用资金。

（4）年度最佳订货次数。

（5）最佳订货周期。

五、金盛公司全年需要用丙材料 60 000 千克，单位采购成本为 15 元，预计每次订货的变动性订货成本为 60 元，单位材料年平均变动性储存成本为 6 元。该材料允许存在缺货情况，要求利用 Excel 软件计算：

（1）丙材料的经济订货批量。

（2）丙材料的平均缺货量。

项目五　Excel 在投资管理中的应用

学习目的

理解投资决策指标的应用，掌握固定资产投资分析、证券投资分析等内容，熟练掌握在 Excel 系统中投资管理的应用操作，结合案例进一步提升数据的管理效率。

企业投资是指企业以自有的资产投入，承担相应的风险，以期合法地取得更多权益的一种经济活动。企业投资是企业生存与发展的基本前提，是获取利润的基本前提，是企业风险控制的重要手段。

为了加强投资管理，提高投资效益，对企业投资可做如下分类：

（1）按投资与企业生产经营的关系，可分为直接投资和间接投资。直接投资是指把资金投放于生产经营环节中，以期获取利润的投资。在非金融性企业中，直接投资所占比重较大。间接投资又称证券投资，是指把资金投放于证券等金融性资产，以期获得股利或利息收入的投资。

（2）按投资回收时间的长短，可分为短期投资和长期投资。短期投资是指准备在一年以内收回的投资，主要指对现金应收账款、存货、短期有价证券等的投资。长期投资是指一年以上才能收回的投资，主要指对房屋、建筑物、机器、设备等能够形成生产能力的物质技术基础的投资，也包括对无形资产和长期有价证券的投资。

（3）按投资的方向和范围，可分为对内投资和对外投资。对内投资是指把资金投放在企业内部，购置各种生产经营用资产的投资。对外投资是指企业以现金、实物、无形资产等方式或者以购买股票、债券等有价证券方式向其他单位的投资。

一个好的投资决策会给企业带来丰厚的利润，而一个坏的投资决策轻则会使企业劳而无功，重则可导致企业陷入困境。那么，如何衡量投资项目的可行性呢？

本章将利用 Excel 介绍一系列的评价指标和方法，帮助大家进行正确的投资。

任务一　项目投资决策指标应用

一、投资决策要点

投资决策是指投资者为了实现其预期的投资目标，运用一定的科学理论、方法和手段，通过一定的程序对投资的必要性、投资目标、投资规模、投资方向、投资结构、投资成本与收益等经济活动中的重大问题进行分析、判断和方案选择。

投资方案评价时使用的指标分为贴现指标和非贴现指标。

二、非贴现指标的应用

1. 非贴现指标的含义

非贴现指标是指不考虑时间价值因素的指标，主要包括回收期、会计收益率等。相应的投资决策方法称为非贴现法。

非贴现指标的计算

2. 投资回收期

投资回收期是指用投资方案所产生的净收益补偿初始投资所需要的时间，其单位通常用"年"表示。投资回收期一般从建设年开始算起，也可以从投资年开始算起，计算时应具体注明。回收期越短，说明方案越好。

投资回收期包括静态投资回收期和动态投资回收期。

静态投资回收期是在不考虑资金时间价值的情况下，收回初始投资所需要的时间。

动态投资回收期是在考虑资金时间价值的情况下，以投资项目各年的净现金流量按基准收益率折成的现值抵偿初始投资现值所需要的时间。动态投资回收期就是净现金流量累计现值等于零时的年份。

3. 计算公式

动态投资回收期（年）= 累计净现金流量现值出现正值的年数 − 1 + 上一年累计净现金流量现值的绝对值/出现正值年份净现金流量的现值

静态投资回收期（年）可根据现金流量表计算，具体计算方法分以下两种情况：

一是项目建成投产后各年的净收益（净现金流量）均相同，则静态投资回收期的计算公式为：

$$静态投资回收期（年）= 原始投资额 \div 每年净现金流量$$

二是项目建成投产后各年的净收益不同，则静态投资回收期可根据累计净现金流量求得，也就是在现金流量表中累计净现金流量由负值转向正值之间的年份。其计算公式为：

$$静态投资回收期（年）= 累计净现金流量出现正值的年数 - 1 + 上一年累计净现金流量的绝对值 / 出现正值年份的净现金流量$$

4. 案例分析

金腾集团有一个初始投资方案，期限 4 年，每年年末的现金流量如图 5-1 所示。计算该方案的静态投资回收期。

	A	B	C	D	E	F
1	静态投资回收期基本资料					
2	时期	0	1	2	3	4
3	净现金流量	-800	400	300	200	100
4						
5						
6						

图 5-1 静态投资回收期计算题例

操作步骤如下：

第一步：建立"静态投资回收期计算模型"工作表，计算累计净现金流量。在单元格 B4 中输入公式"=B3"，在单元格 C4 中输入公式"=B4+C3"，并向右填充复制到单元格 F4，得出累计净现金流量。

第二步：从计算中可以找到累计净现金流量由负值转为正值的年数，是第 3 年。在 Excel 中，用 AND 函数判断累计净现金流量第一次由负值转为正值的时期，在单元格 C5 中输入公式"=AND（C4>0，B4<0）"，并向右填充复制到单元格 F5，得出判断结果。

第三步：计算回收期。按照公式"累计净现金流量出现正值的年数-1+上一年累计净现金流量的绝对值/出现正值年份的净现金流量"，在单元格 C6 中输入公式"=IF（C5=TRUE，C2-1+ABS（B4）/C3，0）"，并向右填充复制到单元格 F6，可以得到静态回收期为 2.5 年，如图 5-2 所示。

	A	B	C	D	E	F
1	静态投资回收期计算模型					
2	时期	0	1	2	3	4
3	净现金流量	-800	400	300	200	100
4	累计净现金流量	-800	-400	-100	100	200
5	判断累计净现金流量是否第一次转为正值		FALSE	FALSE	TRUE	FALSE
6	计算回收期		0.00	0.00	2.50	0.00

图 5-2 静态投资回收期计算结果

三、贴现指标的应用

贴现指标是指考虑时间价值因素的各项指标，主要包括净现值、现值指数、内含报酬率等。相应的投资决策方法称为贴现法。

（一）净现值函数 NPV

1. 净现值的计算方法

净现值是投资项目投入使用后的净现金流量按资本成本率或企业要求达到的报酬率折算为现值，减去初始投资的现值以后的余额。净现值法就是按净现值大小来评价方案优劣的一种方法。净现值大于零则方案可行，且净现值越大，方案越优，投资效益越好。净现值的计算公式为：

$$净现值=现金流入的现值-投资总额现值$$

2. NPV 函数

功能：使用贴现率和一系列未来支出（负值）和收益（正值）来计算一项投资的净现值。

语法：NPV（rate，value1，［value2］，…）。

参数说明：

rate：必需，表示某一期间的贴现率。

value1，value2，…：value1 是必需的，后续值是可选的。这些是代表支出和收益的 1 到 254 个参数。这些参数在时间上必须具有相等间隔，并且都发生在期末。

NPV 函数使用 value1，value2，… 的顺序来说明现金流量的顺序。一定要按正确的顺序输入支出值和收益值。

NPV 函数会自动忽略以下类型的参数：空白单元格、逻辑值、数字的文本表示形式、错误值或不能转化为数值的文本。

如果参数是一个数组或引用，则只计算其中的数字。数组或引用中的空白单元格、逻辑值、文本或错误值将被忽略。

3. 案例分析

金腾集团计划购进一台价值 800 万元的设备进行更新，有效期 3 年，经营期各年的税后净现金流量如图 5-3 所示。假定资本成本率为 9%，试分析该方案是否可行。

净现值计算题例

	A	B	C	D	E
1	净现值计算模型				单位：万元
2	期间	0	1	2	3
3	税后净现金流量	-800	400	300	300
4					

图 5-3　净现值计算题例

操作步骤如下：

第一步：建立"净现值计算模型"工作表，如图 5-4 所示。

第二步：在单元格 D4 中输入公式"＝NPV（B4，C3：E3）-ABS（B3）"，计算结果是 51.13，如图 5-4 所示。

	A	B	C	D	E
1	净现值计算模型				单位：万元
2	期间	0	1	2	3
3	税后净现金流量	-800	400	300	300
4	资金成本率	9%	投资净现值	51.13	

图 5-4　净现值计算结果

根据计算结果可知，净现值大于 0，此方案可行。

（二）现值指数 PI

1. 现值指数的含义

现值指数又称获利指数，是指投资方案未来现金净流量现值与原始投资现值之比。

现值指数法就是使用现值指数来评价方案优劣的一种方法。现值指数大于 1，方案可行，且现值指数越大，方案越优。现值指数的计算公式为：

$$现值指数 = 未来现金净流量现值 / 原始投资额现值$$

2. 案例分析

金腾集团现有甲、乙两个投资方案，现金流量及相关资料如图 5-5 所示。请运用现值指数分析甲、乙两个方案。

	A	B	C	D	E	F	G
1	现值指数计算模型						单位：万元
2		甲方案	乙方案				
3	初始投资额	300	350			利率	10%
4	年份	0	1	2	3	4	5
5	甲现金流量	-300	90	80	90	75	75
6	乙现金流量	-350	95	100	104	95	95

图 5-5　现值指数计算题例

操作步骤如下：

第一步：建立"现值指数计算模型"工作表，如图5-6所示。

第二步：计算甲、乙方案的未来净现值。在单元格B7中输入公式"=NPV(G3,C5:G5)"，在单元格C7中输入公式"=NPV(G3,C6:G6)"，计算结果分别是313.35和371.02，如图5-6所示。

第三步：计算甲、乙方案的现值指数。在单元格B8中输入公式"=B7/B3"，在单元格C8中输入公式"=C7/C3"，计算结果分别是1.04和1.06，如图5-6所示。

	A	B	C	D	E	F	G
1	现值指数计算模型						单位：万元
2		甲方案	乙方案				
3	初始投资额	300	350			利率	10%
4	年份	0	1	2	3	4	5
5	甲现金流量	-300	90	80	90	75	75
6	乙现金流量	-350	95	100	104	95	95
7	未来净现值	313.35	371.02				
8	现值指数	1.04	1.06				

图5-6 现值指数计算结果

由计算结果可知，乙方案的现值指数大于甲方案的现值指数。所以，应该选择乙方案。

（三）内含报酬率函数 IRR

1. 内含报酬率的含义

内含报酬率是指能够使未来现金流入现值等于未来现金流出现值的贴现率，或者说是使投资方案净现值为零的贴现率。内含报酬率法是根据方案本身内含报酬率来评价方案优劣的一种方法。内含报酬率大于资本成本率则方案可行，内含报酬率越高，方案越优。

2. IRR 函数

功能：返回由值中的数字表示的一系列现金流的内含报酬率。这些现金流不必等同，因为它们可能作为年金。但是，现金流必须定期出现。内含报酬率是针对包含支出（负值）和收益（正值）的定期投资收到的利率。

语法：IRR（values，[guess]）。

参数说明：

values：必需，数组或单元格的引用，这些单元格包含用来计算内含报酬率的数字。values 至少包含一个正值和一个负值,以计算返回的内含报酬率。

guess:可选,对函数 IRR 计算结果的估计值。

IRR 函数使用 values 的顺序来说明现金流量的顺序。用户一定要按自己需要的顺序输入支出值和收益值。

如果数组或引用包含文本、逻辑值或空白单元格,这些数值将被忽略。

Excel 使用迭代法计算函数 IRR。从 guess 开始,IRR 函数不断修正计算结果,直至其精度小于 0.000 01%。如果 IRR 函数运算 20 次仍未找到结果,则返回错误值"#NUM!"。

多数情况下,不必为 IRR 计算提供 guess 值。如果省略 guess 值,则假定它为 0.1(10%)。

如果 IRR 函数返回错误值"#NUM!",或结果不接近用户预期的值,可用另一个 guess 值重试。

> **提示** 内含报酬率函数 IRR 与净现值函数 NPV 密切相关。IRR 函数计算的报酬率是与 0(零)净现值对应的利率。

3. 案例分析

金腾集团现有甲、乙、丙三个投资方案,现金流量及相关资料如图 5-7 所示。请运用内含报酬率分析甲、乙、丙三个方案。

	A	B	C	D	E	F	G
1	内含报酬率计算模型						单位:万元
2		甲方案	乙方案	丙方案			
3	初始投资额	200	250	300			
4	年份	0	1	2	3	4	5
5	甲现金流量	-200	45	60	70	55	50
6	乙现金流量	-250	69	70	84	73	61
7	丙现金流量	-300	80	81	95	84	72

图 5-7　内含报酬率计算题例

操作步骤如下:

第一步:建立"内含报酬率计算模型"工作表,如图 5-8 所示。

第二步:计算甲、乙、丙方案的内含报酬率。在单元格 B8 中输入公式"=IRR(B5:G5)",在单元格 C8 中输入公式"=IRR(B6:G6)",在单元格 D8 中输入公式"=IRR(B7:G7)",计算结果分别是 12.23%、13.33%、11.71%,如图 5-8 所示。

	A	B	C	D	E	F	G
1	内含报酬率计算模型						单位：万元
2		甲方案	乙方案	丙方案			
3	初始投资额	200	250	300			
4	年份	0	1	2	3	4	5
5	甲现金流量	-200	45	60	70	55	50
6	乙现金流量	-250	69	70	84	73	61
7	丙现金流量	-300	80	81	95	84	72
8	内含报酬率	12.23%	13.33%	11.71%			

图 5-8　内含报酬率计算结果

由计算结果可知，乙方案的内含报酬率最大。所以，应该选择乙方案。

任务二　固定资产投资中的应用

一、固定资产折旧方法分析

固定资产折旧是指在固定资产使用寿命内，按照确定的方法对应计折旧额进行系统分摊。使用寿命是指固定资产的预计寿命，或者该固定资产所能生产产品或提供劳务的数量。应计折旧额是指应计提折旧的固定资产原价扣除其预计净残值后的金额。已计提减值准备的固定资产，还应扣除已计提的固定资产减值准备累计金额。

固定资产折旧形成折旧费用并计入各期成本，折旧费用高估，净利润就低估；反之，折旧费用低估，净利润就高估。就固定资产更新决策而言，它对净利润造成影响，间接产生抵税效果，所以，进行固定资产投资分析时，选择合适的折旧方法是决策者需要考虑的重要因素之一。

下面重点讨论利用 Excel 函数计算折旧额的几种方法。

（一）平均年限法

1. 平均年限法要点

平均年限法是指按固定资产的使用年限平均计提折旧的一种方法。它是最简单、最普遍的折旧方法，又称"直线法"或"平均法"。平均年限法的相关计算公式如下：

年折旧额=（原价-预计净残值）/预计使用年限=原价×年折旧率

年折旧率=（1-预计净残值/原价）/预计使用年限×100%

2. 相关函数应用

直线法折旧函数 SLN。

功能：返回一个期间内固定资产的每期线性折旧费。

语法：SLN（cost，salvage，life）。

参数说明：

cost：表示固定资产原值。

salvage：表示固定资产在折旧期末的估计残值。

life：表示固定资产的折旧期限（也称固定资产的使用寿命）。

3. 案例分析

金腾集团购置设备一台，价值 300 万元，预计使用年限为 6 年，预计净残值为 3 万元，请以平均年限法计算折旧。

操作步骤如下：

第一步：建立"平均年限法折旧计算模型"工作表，如图 5-9 所示。

第二步：计算各年的折旧额。在单元格 B5 中输入公式"=SLN($A$3，$B$3，$C$3)"，并向下填充复制公式到单元格 B10。

第三步：计算累计折旧。在单元格 C5 中输入公式"=B5"，在单元格 C6 中输入公式"=C5+B6"，并向下填充复制公式到单元格 C10。

第四步：计算净残值。在单元格 B11 中输入公式"=A3-C10"，得出净残值。计算结果如图 5-9 所示。

	A	B	C
1	平均年限法折旧计算模型		单位：元
2	固定资产原值	预计净残值	预计使用年限
3	3 000 000	30 000	6
4	年限	计提折旧	累计折旧
5	1	495 000	495 000
6	2	495 000	990 000
7	3	495 000	1 485 000
8	4	495 000	1 980 000
9	5	495 000	2 475 000
10	6	495 000	2 970 000
11	净残值	30 000	

图 5-9 平均年限法折旧计算结果

(二) 年数总和法

1. 年数总和法要点

年数总和法又称年数比率法、级数递减法或年限合计法,是固定资产加速折旧法的一种。它是将固定资产的原值减去预计净残值后的净额乘以一个逐年递减的分数计算固定资产每年折旧额的一种方法。

逐年递减分数的分子代表固定资产尚可使用的年数;分母代表使用年数的逐年数字之总和,假定使用年限为 n 年,分母即为 $1+2+3+\cdots+n=n(n+1)/2$。

年数总和法的相关计算公式如下:

年折旧率=尚可使用年数/年数总和×100%

年折旧额=(固定资产原值-预计净残值)×年折旧率

月折旧率=年折旧率/12

月折旧额=(固定资产原值-预计净残值)×月折旧率

2. 相关函数

SYD 函数。

功能:返回在指定期间内固定资产按年数总和折旧法计算的折旧金额。

语法:SYD(cost, salvage, life, per)。

参数说明:

cost:表示固定资产原值。

salvage:表示固定资产在折旧期末的估计残值。

life:表示固定资产的折旧期限(也称固定资产的使用寿命)。

per:表示期间,必须与 life 使用相同的单位。

3. 案例分析

金腾集团购置设备一台,价值 200 万元,预计使用年限为 5 年,预计净残值为 2 万元,请以年数总和法计算折旧。

操作步骤如下:

第一步:建立"年数总和法折旧计算模型"工作表,如图 5-10 所示。

第二步:计算各年的折旧额。在单元格 B5 中输入公式"=SYD($A$3,$B$3,$C$3,A5)",并向下填充复制公式到单元格 B9。

第三步:计算累计折旧。在单元格 C5 中输入公式"=B5",在单元格 C6 中输入公式"=C5+B6",并向下填充复制公式到单元格 C9。

第四步:计算净残值。在单元格 B10 中输入公式"=A3-C9",得出净残值。计算结果如图 5-10 所示。

	A	B	C
1	年数总和法折旧计算模型		单位：元
2	固定资产原值	预计净残值	预计使用年限
3	2 000 000	20 000	5
4	年限	计提折旧	累计折旧
5	1	660 000	660 000
6	2	528 000	1 188 000
7	3	396 000	1 584 000
8	4	264 000	1 848 000
9	5	132 000	1 980 000
10	净残值	20 000	

图 5-10　年数总和法折旧计算结果

（三）双倍余额递减法

1. 双倍余额递减法要点

双倍余额递减法是在固定资产使用年限最后两年的前面各年，用平均年限法折旧率的两倍作为固定的折旧率，乘以逐年递减的固定资产期初账面净值，得出各年应提折旧额的方法。在固定资产使用年限的最后两年改用平均年限法，将倒数第 2 年年初的固定资产账面净值扣除预计净残值后的余额在这两年平均分摊。双倍余额递减法是加速折旧法的一种，是假设固定资产的服务潜力在前期消耗较大，在后期消耗较少，为此，在前期多提折旧，后期少提折旧。

双倍余额递减法的相关计算公式如下：

年折旧率＝2/预计使用年限×100%

年折旧额＝固定资产期初账面净值×年折旧率

月折旧率＝年折旧率/12

月折旧额＝固定资产期初账面净值×月折旧率

固定资产期初账面净值＝固定资产原值－累计折旧

最后两年：

每年折旧额＝（固定资产原值－累计折旧－预计净残值）/2

2. 相关函数

DDB 函数。

功能：用双倍余额递减法或其他指定方法，返回指定期间内某项固定资产的折旧值。

语法：DDB（cost, salvage, life, period, [factor]）。

参数说明：

cost：表示固定资产原值。

salvage：表示固定资产在折旧期末的估计残值。该值可以是 0。

life：表示固定资产的折旧期限（也称固定资产的使用寿命）。

period：表示需要计算折旧的期间，必须使用与 life 相同的单位。

factor：表示余额递减速率。如果省略 factor，则假定其值为 2（双倍余额递减法）。

> **提示** 前期每年的折旧额=（固定资产原值-累计折旧）×2/预计使用年限

最后两年改成平均年限法后，要考虑预计净残值。

3. 案例分析

金腾集团购置设备一台，价值 200 万元，预计使用年限为 5 年，预计净残值为 2 万元，请以双倍余额递减法计算折旧。

操作步骤如下：

第一步：建立"双倍余额递减法折旧计算模型"工作表，如图 5-11 所示。

第二步：计算前三年的折旧额。在单元格 B5 中输入公式"＝DDB（$A$3，$B$3，$C$3，A5）"，并向下填充复制公式到单元格 B7。

第三步：计算前三年的累计折旧，在单元格 C5 中输入公式"＝B5"，在单元格 C6 中输入公式"＝C5+B6"，并向下填充复制公式到单元格 C9。

第四步：用平均年限法计算最后两年的折旧。在单元格 B8 中输入公式"＝SLN（$A$3－$C$7，$B$3，2）"，并向下填充复制公式到单元格 B9。

第五步：计算净残值。在单元格 B10 中输入公式"＝A3-C9"，得出净残值。计算结果如图 5-11 所示。

	A	B	C
1	双倍余额递减法折旧计算模型		单位：万元
2	固定资产原值	预计净残值	预计使用年限
3	2 000 000	20 000	5
4	年限	计提折旧	累计折旧
5	1	800 000	800 000
6	2	480 000	1 280 000
7	3	288 000	1 568 000
8	4	206 000	1 774 000
9	5	206 000	1 980 000
10	净残值	20 000	

图 5-11 双倍余额递减法折旧计算结果

二、固定资产更新决策分析

1. 固定资产更新决策的含义

固定资产更新决策是指决定继续使用旧设备还是购买新设备,如果购买新设备,旧设备将以市场价格出售。这种决策的基本思路是:将继续使用旧设备视为一种方案,将购置新设备、出售旧设备视为另一种方案,并将这两种方案作为一对互斥方案按一定的方法来进行对比选优。如果前一方案优于后一方案,则不应更新改造,而应继续使用旧设备;否则,就应购买新设备进行更新。

2. 固定资产更新决策的原因

固定资产更新决策的原因有两种:一是技术上的原因。如原有旧设备有故障或有损耗,继续使用有可能影响公司正常生产经营,或增加生产成本。二是经济上的原因。现代新技术日新月异,市场上出现的新设备能大大提升生产效率,降低生产成本。虽然旧设备仍能使用,但使用起来不经济,导致企业竞争不过其他使用新设备的企业。

3. 案例分析

金腾集团现有一台旧机器,原值 60 万元,预计可以使用 15 年,现已使用 6 年,最终残值 3 万元,变现价值 25 万元,年运行成本 12 万元。现考虑对该设备进行更新,新设备原值 82 万元,预计可以使用 20 年,残值 5 万元,年运行成本 10 万元,新、旧设备均按直线法折旧,要求的最低报酬率为 10%,所得税税率为 25%。请对该设备是否更新做出决策。

思路:通过比较新、旧设备的年平均成本,选择其中较低者作为最佳方案。

操作步骤如下:

第一步:建立"固定资产更新决策模型"工作表,如图 5-12 所示。

第二步:在单元格 B11 中输入公式"=SLN(B3,B6,B4)",然后向右填充复制公式到单元格 C11,求得新、旧设备年折旧额。

第三步:在单元格 B12 中输入公式"=B7-(B7-(B3-B11*B5))*B10",然后向右填充复制公式到单元格 C12,求得新、旧设备的投资净值。

第四步:在单元格 B13 中输入公式"=PV(B9,B4-B5,-B8*(1-B10))",然后向右填充复制公式到单元格 C13,求得新、旧设备每年的税后付现成本净现值。

第五步:在单元格 B14 中输入公式"=PV(B9,B4-B5,B11*B10)",然后向右填充复制公式到单元格 C14,求得新、旧设备的折旧抵税额现值。

	A	B	C
1	固定资产更新决策模型		单位：元
2	项目	旧设备	新设备
3	原值	600 000	820 000
4	预计使用年限	15	20
5	已经使用年限	6	0
6	最终残值	30 000	50 000
7	变现价值	250 000	820 000
8	年运行成本	120 000	100 000
9	最低报酬率	10%	10%
10	所得税税率	25%	25%
11	年折旧额	38 000.00	38 500.00
12	设备投资净值	280 500.00	820 000.00
13	税后付现成本净现值	518 312.14	638 517.28
14	折旧抵税额现值	-54 710.73	-81 943.05
15	最终残值现值	-12 722.93	-7 432.18
16	合计	731 378.49	1,369 142.05
17	年平均成本	126 996.96	160 818.91

图 5-12　固定资产更新决策计算结果

第六步：在单元格 B15 中输入公式"=-B6/(1+B9)^(B4-B5)"，然后向右填充复制公式到单元格 C15，求得新、旧设备的最终残值现值。

第七步：在单元格 B16 中输入公式"=SUM(B12:B15)"，然后向右填充复制公式到单元格 C16，求得新、旧设备的合计数。

第八步：在单元格 B17 中输入公式"=B16/PV(B9,B4-B5,-1)"，然后向右填充复制公式到单元格 C17，求得新、旧设备的年平均成本。

通过上述操作可知，旧设备的年平均成本为126 996.96 元，新设备的年平均成本为 160 818.91 元，如图 5-12 所示。

因此，应该继续使用旧设备。

任务三　股票投资中的应用

一、股票投资的含义

股票是股份制企业发放给企业（股东）的投资入股、领取股息的书面凭证，属于资本市场上流通的一种有价证券。股票按不同特点可分为不同的类别，如按票面是否标明金额可分为面值股票和无面值股票，按企业拥有权利的不同可分为普通股股票和优先股股票等。

股票投资就是指企业或个人购买其他企业股票的一种投资行为。

二、股票估价模型

(一) 股票估价的基本模型

1. 股票估价的含义

股票估价是通过一个特定技术指标与数学模型，估算出股票在未来一段时期的相对价格，也叫股票预期价格。

投资者投资股票，不仅希望得到股利的收入，还希望在未来出售股票时，从股票价格的上涨中获得收益。那么，股票的内在价值就等于持有期间所得股利的现值加最终转让该股票时转让价格的现值。

2. 计算公式

$$P_0 = \sum_{t=1}^{n} \frac{D_t}{(1+R_S)^t}$$

式中，P_0——股票内在价值；
R_S——投资者要求的必要收益率；
D_t——第 t 期的预计股利；
n——预计股票的持有期数。

(二) 长期持有、股利零增长的股票估价模型

1. 长期持有、股利零增长的股票估价的含义

长期持有、股利零增长的股票估价是指发行公司每年支付的每股股利额相等，也就是假设每年每股股利增长率为零。每股股利额表现为永续年金形式。

2. 计算公式

$$P_0 = \frac{D}{R_S}$$

式中，P_0——股票内在价值；
R_S——投资者要求的必要收益率；
D——预计每股股利。

3. 案例分析

金腾集团准备在公开市场上购买丙公司普通股股票，已知丙公司目前股票市场价为 8 元，最近一期股息为 1.7 元，且预期保持稳定的股利支付金额，假定公司要

求的收益率为10%，试判断金腾集团是否可以购买该公司股票。

操作步骤如下：

第一步：建立"股利（零增长）股票估价模型"工作表，如图5-13所示。

第二步：计算股票内在价值。在单元格B5中输入公式"=B2/B3"。

第三步：计算股票净现值。在单元格B6中输入公式"=B5-B4"。

第四步：计算内部报酬率。在单元格B7中输入公式"=B2/B4"。

第五步：判断该股票价格是被高估还是低估。在单元格B8中输入公式"=IF(B6>0,"低估","高估")"，计算结果是低估，如图5-13所示。

	A	B
1	股利（零增长）股票估价模型	
2	每股股息（元）	1.7
3	收益率	10%
4	当前股价	8
5	内在价值	17
6	净现值	9
7	内部报酬率	21.25%
8	该股票价格被高估或低估	低估

图5-13 股利（零增长）股票估价计算结果

由以上计算可知，丙公司股票价格被低估，可以进行这项投资。

（三）长期持有、股利固定增长的股票估价模型

1. 长期持有、股利固定增长的股票估价的含义

这类股票的估价有两个假设条件：一是股利按固定的年增长率增长；二是股利增长率总是低于投资者期望的增长率。股票的内在价值也是未来股利按投资者要求的收益率折成现值的总额。

2. 计算公式

$$P_0 = \frac{d_1}{R_S - g}$$

式中，P_0——股票内在价值；

d_1——第一年的股利；

g——固定增长率；

R_S——投资者要求的必要收益率。

3. 案例分析

金腾集团准备在公开市场上购买甲公司普通股股票，已知

股利（固定增长率）
股票估价计算题例

甲公司目前股票市场价为 40 元，当前每股股息为 1.7 元，预计股利增长率为 7%，假定公司要求的收益率为 10%，试判断金腾集团是否可以购买该公司股票。

操作步骤如下：

第一步：建立"股利（固定增长率）股票估价模型"工作表，如图 5-14 所示。

第二步：计算股票内在价值。在单元格 B6 中输入公式"＝B2＊(1+B3)/(B4-B3)"。

第三步：计算股票净现值。在单元格 B7 中输入公式"＝B6-B5"。

第四步：计算内部报酬率。在单元格 B8 中输入公式"＝B2＊(1+B3)/B5+B3"。

第五步：判断该股票价格是被高估还是低估。在单元格 B9 中输入公式"＝IF(B7>0,"低估","高估")"，计算结果是低估，如图 5-14 所示。

	A	B
1	股利（固定增长率）股票估价模型	
2	当前每股股息（元）	1.7
3	股息增长率	7%
4	收益率	10%
5	当前股价	40
6	内在价值	60.63
7	净现值	20.63
8	内部报酬率	11.54%
9	该股票价格被高估或低估	低估

图 5-14　股利（固定增长率）股票估价计算结果

由以上计算可知，甲公司股票价格被低估，应该进行这项投资。

（四）非固定增长的股票估价模型

1. 非固定增长的股票估价的含义

大多数公司股票的股利并不都是固定不变或以固定比例增长的，而是处于不断变化之中，这种股票被称为非固定增长股票。

2. 计算步骤

这种股票由于在不同时期未来股利预期增长率不同，因此，其内在价值只能分段计算。首先，计算高速增长部分股利的现值；其次，计算固定增长部分股利的现值；最后，将两部分现值相加得出内在价值。

3. 案例分析

乙公司为一家非固定成长型公司，该公司目前股价为 20 元，近期支付每股股利为 2 元，预计前 5 年内将以每年 20% 的增长率增长，而此后将维持每年 6% 的固定增长率。该公司市场投资组合必要报酬率为 15%。试判断金腾集团是否可以购买该公司股票。

在这种情况下要分段计算才能确定股票价值,操作步骤如下:

第一步:建立"股利(非固定增长率)股票估价模型"工作表,如图 5-15 所示。

	A	B	C	D
1	股利(非固定增长率)股票估价模型			单位:元
2	目前股价	20	年度	每年股利
3	前5年每年增长率	20%	0	2.00
4	第5年后每年固定增长率	6%	1	2.40
5	市场投资组合必要报酬率	15%	2	2.88
6	前5年股利的净现值		3	3.46
7	第5年后的股票价值		4	4.15
8	第5年后的股票价值的现值		5	4.98
9	乙公司预期股价现值		6	

图 5-15 股利(非固定增长率)股票估价计算题例

第二步:计算前 5 年非固定增长的股利。在单元格 D4 中输入公式"=D3*(1+$B$3)",并向下填充复制公式到单元格 D8。

第三步:计算前 5 年股利的净现值。在单元格 B6 中输入公式"=NPV(B5,D4:D8)",计算结果为 11.38 元。

第四步:计算第 6 年的股利。在单元格 D9 中输入公式"=D8*(1+B4)",计算结果为 5.28 元。

第五步:计算第 5 年后的股票价值。在单元格 B7 中输入公式"=D9/(B5-B4)",计算结果为 58.61 元。

第六步:计算第 5 年后的股票价值的现值。在单元格 B8 中输入公式"=PV(B5,5,,-B7)",计算结果为 29.14 元。

第七步:计算乙公司预期股价现值。在单元格 B9 中输入公式"=B6+B8",计算结果为 40.52 元,如图 5-16 所示。

	A	B	C	D
1	股利(非固定增长率)股票估价模型			单位:元
2	目前股价	20	年度	每年股利
3	前5年每年增长率	20%	0	2.00
4	第5年后每年固定增长率	6%	1	2.40
5	市场投资组合必要报酬率	15%	2	2.88
6	前5年股利的净现值	11.38	3	3.46
7	第5年后的股票价值	58.61	4	4.15
8	第5年后的股票价值的现值	29.14	5	4.98
9	乙公司预期股价现值	40.52	6	5.28

图 5-16 股利(非固定增长率)股票估价计算结果

从以上计算可知，因乙公司当前的股票价格为 20 元，低于其价值 40.52 元，所以，金腾集团目前可以购买该公司股票。

任务四 债券投资中的应用

一、债券的含义及分类

债券是发行人直接向社会借债时所出具的债务凭证，反映了债券投资者与债券发行人之间的一种债权债务关系，也是一种有价证券。

债券按其发行主体不同可划分为政府债券、公司债券及金融债券三种。政府债券的发行主体是政府。它是指政府财政部门或其他代理机构为筹集资金，以政府名义发行的债券，主要包括国库券和公债两大类。一般国库券由财政部发行，用以弥补财政收支不平衡；公债是为筹集建设资金而发行的一种债券。有时也将两者统称为公债。公司债券在我国亦称企业债券，是企业对外举债的债务凭证，它承诺在一定时期内按一定条件还本付息。金融债券是金融机构作为发行人而发行的债券，目的是通过举债筹借资金，解决信贷资金短缺问题。金融债券的利率一般高于同期银行储蓄存款的利率。

二、债券价值计算公式

债券价值是指进行债券投资时投资者预期可获得的现金流入的现值。债券的现金流入主要包括利息和到期收回的本金或出售时获得的现金两部分。当债券的购买价格低于债券价值时，该债券才值得购买。债券价值的计算公式为：

债券价值=未来各期利息收入的现值合计+未来到期本金或售价的现值

三、影响债券发行时价格的基本因素

债券的发行价格是指债券原始投资者购入债券时应支付的市场价格，它与债券的面值可能一致也可能不一致。理论上，债券发行价格是债券的面值和要支付的年利息按发行当时的市场利率折现所得到的现值。

1. 债券面值

债券面值即债券市面上标出的金额，企业可根据不同认购者的需要，使债券面

值多样化，既有大额面值，也有小额面值。

2. 票面利率

票面利率可分为固定利率和浮动利率两种。一般地，企业应根据自身资信情况、承受能力、利率变化趋势、债券期限长短等决定选择何种利率形式与利率的高低。

3. 市场利率

市场利率是衡量债券票面利率高低的参照系，也是决定债券价格按面值发行还是溢价或折价发行的决定因素。

4. 债券期限

期限越长，债权人的风险越大，其所要求的利息报酬就越高，其发行价格就可能较低。

四、债券估价的基本方法

典型的债券有固定的票面利率、每年计算并支付利息、到期归还本金。在此情况下，债券价值按复利方式计算。

1. 债券价值模型

$$V = \sum_{t=1}^{n} \frac{F \times i}{(1+k)^t} + \frac{F}{(1+k)^n}$$

式中，V—— 债券价值；

i—— 债券的票面利率；

F—— 到期的本金；

k—— 贴现率，一般采用当时的市场利率或投资人要求的最低报酬率；

n—— 债券到期前的年数。

2. 相关函数应用

有价证券价格函数 PRICE。

功能：可以用于求解定期付息的面值 100 元的债券的现价。

语法：PRICE (settlement, maturity, rate, yld, redemption, frequency, [basis])。

参数说明：

settlement：表示债券的结算日。债券结算日是在发行日之后，债券卖给购买者的日期。

maturity：表示债券的到期日。债券到期日是债券有效期截止时的日期。

rate：表示债券的年票息率。

yld：表示债券的年收益率。

redemption：表示面值 100 元的债券的清偿价值。

frequency：表示年付息次数。如果按年支付，frequency=1；如果按半年期支付，frequency=2；如果按季支付，frequency=4。

basis：可选，要使用的日计数基准类型。

> **提示** Excel 可将日期存储为可用于计算的序列号。1900 年 1 月 1 日默认的序列号是 1，而 2008 年 1 月 1 日默认的序列号是 39448，这是因为它距 1900 年 1 月 1 日有 39447 天。

结算日是购买者买入息票（如债券）的日期。到期日是息票有效期截止时的日期。例如，在 2008 年 1 月 1 日发行的 30 年期债券，6 个月后被购买者买走。则发行日为 2008 年 1 月 1 日，结算日为 2008 年 7 月 1 日，而到期日是在发行日 2008 年 1 月 1 日的 30 年后，即 2038 年 1 月 1 日。

3. 案例分析

金腾集团计划 2017 年 5 月 1 日购进甲公司同日发行的面值为 100 元的债券 100 张，其票面利率为 8%，每年 5 月 1 日计算并支付一次利息，并于 5 年后的 4 月 30 日到期。假定当时的市场利率为 10%。目前，债券的市价是 90 元，请分析金腾集团是否可以购买该债券。

操作步骤如下：

第一步：建立"债券基本估价模型"工作表，如图 5-17 所示。

第二步：在相应单元格输入已知数据。

第三步：计算每张债券的估价。在单元格 B10 输入公式"=PRICE(B3,B4,B5,B6,B7,B8,B9)"，计算结果为 92.42 元，如图 5-17 所示。

	A	B
1	债券基本估价模型	单位：元
2	参　数	数据
3	发行日期	2017/5/1
4	到期日期	2022/4/30
5	票面利率	8.00%
6	收益率	10.00%
7	清偿价值	100
8	每年付息次数	1
9	以30/360为日计数基准	0
10	每张债券估价	92.42

图 5-17　债券基本估价计算结果

由于债券的估价大于市价,如果不考虑风险问题,购买此债券是有利的,金腾集团可以购买此债券。

四、债券收益率的计算

1. 债券收益率要点

为了精确衡量债券收益,一般使用债券收益率这个指标。债券收益率是债券收益与其投入本金的比率,通常用年收益率表示。债券收益不同于债券利息。债券利息仅指债券票面利率与债券面值的乘积。但由于人们在债券持有期内,还可以在债券市场买卖债券,赚取价差,因此,债券收益除利息收入外,还包括买卖盈亏差价。

决定债券收益率的主要因素有债券的票面利率、期限、面值、持有时间、购买价格和出售价格。

2. 最基本的债券收益率计算公式

债券收益率=(到期本息和-发行价格)/(发行价格×偿还期限)×100%

由于债券持有人可能在债券偿还期内转让债券,因此,债券的收益率还可以分为债券出售者的收益率、债券购买者的收益率和债券持有期间的收益率。其各自的计算公式如下:

债券出售者的收益率=(卖出价格-发行价格+持有期间的利息)/(发行价格×持有年限)×100%

债券购买者的收益率=(到期本息和-买入价格)/(买入价格×剩余期限)×100%

债券持有期间的收益率=(卖出价格-买入价格+持有期间的利息)/(买入价格×持有年限)×100%

3. 相关函数应用

YIELD 函数。

功能:返回定期支付利息的债券的收益。YIELD 函数用于计算债券收益率。

语法:YIELD(settlement, maturity, rate, pr, redemption, frequency, [basis])。

债券收益计算题例

参数说明:

settlement:必需,表示债券的结算日。债券结算日是在发行日之后,债券卖给购买者的日期。

maturity:必需,表示债券的到期日。债券到期日是债券有效期截止时的日期。

rate:必需,表示债券的年票息率。

pr：必需，表示面值 100 元的债券的现价。

redemption：必需，表示面值 100 元的债券的清偿价值。

frequency：必需，表示年付息次数。如果按年支付，frequency = 1；如果按半年期支付，frequency = 2；如果按季支付，frequency = 4。

basis：可选，表示要使用的日计数基准类型。

> **提示** Excel 可将日期存储为可用于计算的序列号。结算日是购买者买入息票（如债券）的日期。

4. 案例分析

甲公司 2018 年 6 月 1 日发行面值为 100 元的债券，其票面利率为 6%，每年 1 月 1 日和 7 月 1 日计算并支付利息，期限为 7 年。目前，债券的市场价是 95 元，请计算该债券的收益率。

操作步骤如下：

第一步：建立"债券收益率计算模型"工作表，如图 5-18 所示。

第二步：在相应单元格输入已知数据。

第三步：计算债券收益率。在单元格 B10 中输入公式"= YIELD（B3，B4，B5，B6，B7，B8，B9）"，计算结果为 6.91%，如图 5-18 所示。

	A	B
1	债券收益率计算模型	单位：元
2	参数	数据
3	发行日期	2018/6/1
4	到期日期	2025/5/31
5	票面利率	6%
6	发行价	95
7	清偿价值	100
8	每年付息次数	2
9	以30/360为日计数基准	0
10	债券收益率	6.91%

图 5-18 债券收益率计算结果

思考与练习

一、项目投资决策指标的应用

1. 静态回收期的计算

金盛集团有一个项目投资方案，初始投资 1 000 万元，期限 3 年，每年年末的现金流量如图 5-19 所示。请计算该方案静态投资回收期。

	A	B	C	D	E
1	静态投资回收期基础资料				单位：万元
2	时期	0	1	2	3
3	净现金流量	-1 000	400	300	300

图 5-19　静态投资回收期基础资料

2．净现值法的计算

金盛集团计划购进一台价值 800 万元的设备进行更新，有效期 6 年，资本成本率为 7%，经营期各年的税后净现金流量如图 5-20 所示。试分析该方案是否可行。

	A	B	C	D	E	F	G	H
1	净现值计算资料							单位：万元
2	期间	0	1	2	3	4	5	6
3	税后净现金流量	-800	250	200	250	100	100	100

图 5-20　净现值计算资料

3．内含报酬率的计算

金盛集团现有 A、B、C、D 四个投资方案，现金流量及相关资料如图 5-21 所示。请运用内含报酬率分析 A、B、C、D 四个投资方案哪个最佳。

	A	B	C	D	E	F
1	内含报酬率基础数据					单位：万元
2	方案	A方案	B方案	C方案	D方案	
3	初始投资额	400	550	350	500	
4	年份	0	1	2	3	4
5	A现金流量	-400	120	100	130	120
6	B现金流量	-550	150	150	160	145
7	C现金流量	-350	100	100	110	95
8	D现金流量	-500	140	150	160	155

图 5-21　内含报酬率基础数据

二、固定资产投资分析

金盛集团 2018 年 5 月购置一台设备并安装使用，价值 500 万元，预计使用年限为 8 年，预计净残值为 15.5 万元。请分别以平均年限法、年数总和法、双倍余额递减法计算提取折旧，并分析不同的折旧方法对当年损益的影响。

三、股票投资分析

1．金盛集团计划在公开市场上购买 A 公司普通股股票。已知 A 公司目前股票市场价为 10 元，最近一期股息为 0.7 元，且预期保持稳定的股利支付金额。假定公司要求的收益率为 6%，试判断金盛集团是否可以购买该公司股票。

2. 金盛集团计划在公开市场上购买 B 公司普通股股票。已知 B 公司目前股票市场价为 26 元，当前每股股息为 1.5 元，预计股利增长率为 6%。假定公司要求的收益率为 8%，试判断金盛集团是否可以购买该公司股票。

四、债券投资分析

金盛集团计划 2018 年 1 月 1 日购进甲公司同日发行的面值为 100 元的债券 100 张，其票面利率为 8%，每年 1 月 1 日计算并支付一次利息，并于 6 年后的 1 月 1 日到期。假定当时的市场利率为 8%，目前债券的市价是 98 元，请分析金盛集团是否可以购买该债券。

项目六 Excel 在企业财务分析中的应用

 学习目的

理解财务指标分析、财务垂直分析及财务综合分析的具体内容及指标的含义，掌握在 Excel 系统中财务指标分析及财务垂直分析的方法及计算公式，能运用各项财务指标对财务数据进行综合分析。

任务一 财务分析概述

一、相关知识

财务分析是在现行会计准则、会计制度、税收法规体系下，以会计核算和报表资料及其他相关资料为依据，采用一系列专门的分析技术和方法，对企业等经济组织过去和现在有关筹资活动、投资活动、经营活动、分配活动的盈利能力、营运能力、偿债能力和发展能力等状况进行分析与评价的经济管理活动。

（一）财务分析的内涵

（1）财务分析是在企业经济分析、财务管理和会计基础上发展形成的一门综合性、边缘性学科。

（2）财务分析有完整的理论体系，从财务分析的内涵、财务分析的目的、财务分析的作用、财务分析的内容，到财务分析的原则、财务分析的形式、财务分析的组织等都日趋成熟。

（3）财务分析有健全的方法论体系，如水平分析法、垂直分析法、趋势分析法、比率分析法等都是财务分析的专门和有效的分析方法。

（4）财务分析有系统客观的资料依据，最基本的资料是财务报表。财务分析使用的数据大部分来源于企业的财务报表。财务报表主要有资产负债表、利润表、现金流量表等。

（二）财务分析的作用

财务分析对不同的信息使用者具有不同的作用。具体来说，主要体现在以下几个方面：

（1）可以判断企业的财务实力。通过资产负债表和利润表等有关资料分析计算相关指标，可以了解企业的资产结构和负债水平是否合理，从而判断企业的偿债能力、营运能力及获利能力等财务实力，揭示企业在财务状况方面可能存在的问题。

（2）可以评价和考核企业的经营业绩，揭示财务活动存在的问题。通过对指标的计算、分析和比较，能够评价和考核企业的盈利能力和资金周转状况，揭示其经营管理各个方面和各个环节的问题，找出差距，得出分析结论。

（3）可以挖掘企业潜力，寻求提高企业经营管理水平和经济效益的途径。企业进行财务分析的目的不仅仅是发现问题，更重要的是分析问题和解决问题。通过财务分析，应保持和进一步发挥生产经营管理中的优势，对存在的问题应提出解决的策略和措施，以达到扬长避短、提高经营管理水平和经济效益的目的。

（4）可以评价企业的发展趋势。通过各种财务分析，可以判断企业的发展趋势，预测其生产经营的前景及偿债能力，从而为企业领导层进行生产经营决策、投资者进行投资决策和债权人进行信贷决策提供重要的依据，避免因决策错误给其带来重大的损失。

（三）财务分析的方法

1. 比较分析法

比较分析法是通过对两期或连续数期财务报告中的相同指标进行对比，找出企业财务状况、经营成果中存在的差异与问题。根据比较对象的不同，比较分析法分为趋势分析法、横向比较法和预算差异分析法。比较分析法的具体运用主要有重要财务指标的比较、会计报表的比较和会计报表项目构成的比较三种方式。

2. 比率分析法

比率分析法是通过计算各种比率指标来确定财务活动变动程度的方法。比率指标的类型主要有构成比率、效率比率和相关比率三类。

3. 因素分析法

因素分析法是依据分析指标与其影响因素的关系，从数量上确定各因素对分析指标影响方向和影响程度的一种方法。因素分析法具体有两种：连环替代法和差额分析法。

二、财务指标分析

（一）偿债能力指标

偿债能力指标是一个企业财务管理的重要指标，是指企业偿还到期债务（包括本息）的能力。偿债能力指标包括短期偿债能力指标和长期偿债能力指标。

1. 短期偿债能力指标

（1）流动比率。

公式：流动比率＝流动资产合计/流动负债合计

企业设置的标准值一般是2。

说明：流动比率体现企业偿还短期债务的能力。流动资产越多，短期债务越少，则流动比率越大，企业的短期偿债能力越强。

> **提示**：流动比率低于正常值，企业的短期偿债风险较大。一般情况下，营业周期、流动资产中的应收账款数额和存货的周转速度是影响流动比率的主要因素。

（2）速动比率。

公式：速动比率＝速动资产合计/流动负债合计

企业设置的标准值一般是1。

说明：速动资产包括货币资金、短期投资、应收票据、应收账款，可以在较短时间内变现。速动比率比流动比率更能体现企业偿还短期债务的能力，因为在流动资产中，尚包括变现速度较慢且可能已贬值的存货，因此，将流动资产扣除存货再与流动负债对比，以衡量企业的短期偿债能力。

> **提示**：企业的速动比率低于1，通常被认为是短期偿债能力偏低。影响速动比率的可信性的重要因素是应收账款的变现能力，账面上的应收账款不一定都能变现，也不一定非常可靠。

2. 长期偿债能力指标

（1）资产负债率。

公式：资产负债率＝负债总额/资产总额

企业设置的标准值一般是 0.7。

说明：资产负债率是反映债权人提供的资本占全部资本的比例。该指标也被称为举债经营比率。

> **提示** 资产负债率越大，企业面临的财务风险越大，获取利润的能力也越强。如果企业资金不足，依靠欠债维持，导致资产负债率偏高，就应特别注意偿债风险。资产负债率在 66%~77% 是比较合理、稳健的；达到 85% 及以上时，应视为发出预警信号，企业应引起足够的注意。

（2）产权比率。

公式：产权比率＝负债总额/所有者权益

企业设置的标准值一般是 1.2。

说明：产权比率反映债权人与股东提供的资本的相对比例。该指标反映企业的资本结构是否合理、稳定，同时也表明债权人投入资本受到股东权益保障的程度。

> **提示** 一般说来，产权比率高代表高风险、高报酬的财务结构，产权比率低代表低风险、低报酬的财务结构。从股东来说，在通货膨胀时期，企业举债，可以将损失和风险转移给债权人；在经济繁荣时期，举债经营可以获得额外的利润；在经济萎缩时期，少借债可以减少利息负担和财务风险。

（3）有形净值债务率。

公式：有形净值债务率＝负债总额/（所有者权益－无形资产净值）

企业设置的标准值一般是 1.5。

说明：有形净值债务率是产权比率指标的延伸，更为谨慎、保守地反映在企业清算时债权人投入的资本受到股东权益保障的程度。该指标不考虑无形资产（包括商誉、商标、专利权及非专利技术等）的价值，因为它们不一定能用来还债，为谨慎起见，一律视为不能偿债。

> **提示** 从长期偿债能力看，较低的有形净值债务率说明企业有良好的偿债能力，举债规模正常。

（4）利息保障倍数。

公式：利息保障倍数＝息税前利润/利息支出

式中，息税前利润＝企业的净利润＋企业支付的利息费用＋企业支付的所得税。

说明：利息保障倍数是指上市公司息税前利润相对于所需支付债务利息的倍

数,可用来分析公司在一定盈利水平下支付债务利息的能力,为负值时没有任何意义。

> **提示** 一般情况下,利息保障倍数越高,企业长期偿债能力越强。

(二) 营运能力指标

营运能力是指企业的经营运行能力,即企业运用各项资产赚取利润的能力。

1. 存货周转率

公式:存货周转率=销售(营业)成本/[(期初存货+期末存货)/2]

企业设置的标准值一般是3。

说明:存货周转率是存货周转速度的主要指标。提高存货周转率,缩短营业周期,可以提高企业的变现能力。

> **提示** 存货周转速度反映存货管理水平,存货周转率越高,则存货的占用水平越低,流动性越强,存货转换为现金或应收账款的速度越快。它不仅影响企业的短期偿债能力,也是整个企业管理的重要内容。

2. 存货周转天数

公式:存货周转天数=360/存货周转率=[360×(期初存货+期末存货)/2]/销售(营业)成本

企业设置的标准值一般是120。

说明:存货周转天数是指企业购入存货、投入生产到销售出去所需要的天数。提高存货周转率,缩短营业周期,可以提高企业的变现能力。

3. 应收账款周转率

公式:应收账款周转率=销售(营业)收入/[(期初应收账款+期末应收账款)/2]

企业设置的标准值一般是3。

说明:应收账款周转率越高,说明其收回越快;反之,说明营运资金过多呆滞在应收账款上,影响正常资金周转及偿债能力。

> **提示** 应收账款周转率要与企业的经营方式结合考虑。以下几种情况使用该指标不能反映实际情况:第一,季节性经营的企业;第二,大量使用分期收款结算方式;第三,大量使用现金结算的销售;第四,年末大量销售或年末销售大幅度下降。

4. 应收账款周转天数

公式：应收账款周转天数=360/应收账款周转率=[360×(期初应收账款+期末应收账款)/2]/销售(营业)收入

企业设置的标准值一般是100。

说明：应收账款周转天数越少，说明其收回越快；反之，说明营运资金过多呆滞在应收账款上，影响正常资金周转及偿债能力。

5. 流动资产周转率

公式：流动资产周转率=营业收入/平均流动资产总额

平均流动资产总额是指企业流动资产总额的年初数与年末数的平均值。

说明：流动资产周转率反映了企业流动资产的周转速度，是从企业全部资产中流动性最强的流动资产角度对企业资产的利用效率进行分析，以进一步揭示影响企业资产质量的主要因素。

> 提示：一般情况下，该指标越高，表明企业流动资产周转速度越快，利用越好。在较快的周转速度下，流动资产会相对节约，相当于流动资产投入的增加，在一定程度上增强了企业的盈利能力；而周转速度慢，则需要补充流动资金参加周转，会形成资金浪费，降低企业盈利能力。

6. 总资产周转率

公式：总资产周转率=营业收入/平均资产总额

平均资产总额是指企业资产总额年初数与年末数的平均值。

说明：总资产周转率是考察企业资产运营效率的一项重要指标，体现了企业经营期间全部资产从投入到产出的流转速度，反映了企业全部资产的管理质量和利用效率。

> 提示：一般情况下，该指标越高，表明企业总资产周转速度越快，销售能力越强，资产利用效率越高。

(三) 盈利能力指标

盈利能力就是企业赚取利润的能力。不论是投资人还是债务人，都非常关心这个指标。在分析盈利能力时，应当排除证券买卖等非正常项目、已经或将要停止的营业项目、重大事故或法律更改等特别项目、会计政策和财务制度变更带来的累积影响数等因素。

1. 销售净利率

公式：销售净利率=净利润/销售收入×100%

企业设置的标准值一般是 10%。

说明：该指标反映每一元销售收入带来的净利润是多少，表示销售收入的收益水平。

> **提示**　企业在增加销售收入的同时，必须要相应获取更多的净利润才能使销售净利率保持不变或有所提高。销售净利率可以分解为销售毛利率、销售税金率、销售成本率、销售期间费用率等指标进行分析。

2. 销售毛利率

公式：销售毛利率=（销售收入−销售成本）/销售收入×100%

企业设置的标准值一般是 15%。

说明：该指标表示每一元销售收入扣除销售成本后，有多少钱可以用于各项期间费用和形成盈利。

> **提示**　销售毛利率是企业销售净利率的基础，没有足够大的销售毛利率便不能形成盈利。企业可以按期分析销售毛利率，据以对企业销售收入、销售成本的发生及配比情况做出判断。

3. 营业利润率

公式：营业利润率=营业利润/营业收入×100%

说明：营业利润=营业收入（主营业务收入+其他业务收入）−营业成本（主营业务成本+其他业务成本）−税金及附加−管理费用−销售费用−财务费用−资产减值损失+公允价值变动收益（损失为负）+投资收益（损失为负）

> **提示**　营业利润率越高，说明企业商品销售额提供的营业利润越多，企业的盈利能力越强；反之，营业利润率越低，说明企业盈利能力越弱。

4. 资产净利率

公式：资产净利率=净利润/[（期初资产总额+期末资产总额）/2]×100%

企业设置的标准值根据实际情况而定。

说明：该指标把企业一定期间的净利润与企业的资产相比较，表明企业资产的综合利用效果。该指标越高，表明资产的利用效率越高，说明企业在增加收入和节约资金等方面取得了良好的效果，否则相反。

> **提示** 资产净利率是一个综合指标。净利润的多少与企业资产的多少、资产的结构、经营管理水平的高低有着密切的关系。影响资产净利率的因素有：产品的价格、单位产品成本、产品的产量和销售的数量、资金占用量等。可以结合杜邦财务分析体系来分析经营中存在的问题。

5. 净资产收益率（权益报酬率）

公式：净资产收益率＝净利润/[（期初所有者权益合计＋期末所有者权益合计）/2]×100%

企业设置的标准值一般是 8%。

说明：净资产收益率又称股东权益报酬率、净值报酬率、权益报酬率、权益利润率、净资产利润率，是净利润与平均股东权益的百分比，是公司税后利润除以净资产得到的百分比率。

> **提示** 该指标反映股东权益的收益水平，用以衡量公司运用自有资本的效率。该指标值越高，说明投资带来的收益越高。该指标体现了自有资本获得净收益的能力。一般来说，负债增加会导致净资产收益率的上升。

任务二　Excel 在财务指标分析中的应用

财务指标分析是财务报表分析中的重要内容。利用 Excel 建立各种分析表模型，进行各种财务指标的计算和分析，运用 Excel 处理后，计算简单，实用性强。下面就以金腾集团为例，利用其 2018、2019 年度的财务报表进行财务指标分析。

一、构建财务指标分析表模型

财务指标分析应用

第一步：打开 Excel，建立"财务数据分析表"工作簿。

第二步：建立"资产负债表"工作表，如图 6-1 所示。其中，合计和总计项目用 SUM 函数求得。

	A	B	C	D	E	F
1				资产负债表		
2	编制单位:金腾集团		2019年12月31日			单位：万元
3	资产	期末余额	期初余额	负债和所有者权益	期末余额	期初余额
4	流动资产：			流动负债：		
5	货币资金	800	700	短期借款	2 200	1 900
6	交易性金融资产	400	1 100	应付账款	1 000	1 000
7	应收账款	1 200	1 300	预收款项	500	400
8	预付款项	80	30	其他应付款	110	90
9	存货	5 200	4 000	流动负债合计	3 810	3 390
10	其他流动资产	80	60	非流动负债：		
11	流动资产合计	7 760	7 190	长期借款	2 290	1 910
12	非流动资产：			非流动负债合计	2 290	1 910
13	持有至到期投资	400	400	负债合计	6 100	5 300
14	固定资产	15 000	13 000	所有者权益：		
15	无形资产	440	310	实收资本（或股本）	13 000	13 000
16	非流动资产合计	15 840	13 710	盈余公积	1 600	1 600
17				未分配利润	2 900	1 000
18				所有者权益合计	17 500	15 600
19	资产总计	23 600	20 900	负债和所有者权益总计	23 600	20 900

图 6-1　资产负债表

第三步：建立"利润表"工作表，如图 6-2 所示。其中，有些项目用公式求得。

	A	B	C
1		利润表	
2	编制单位:金腾集团	2019年度	单位：万元
3	项目	本期金额	期初金额
4	一、营业收入	22 300	19 900
5	减：营业成本	13 500	12 000
6	税金及附加	1 300	1 380
7	销售费用	1 950	1 670
8	管理费用	1 000	800
9	财务费用	305	205
10	加：投资收益	305	295
11	二、营业利润	4 550	4 140
12	加：营业外收入	155	100
13	减：营业外支出	645	600
14	三、利润总额	4 060	3 640
15	减：所得税费用	1 015	910
16	五、净利润	3 045	2 730

图 6-2　利润表

第四步：建立"财务指标分析模型"工作表，如图6-3所示。

	A	B
1	财务指标分析模型	
2	项目	计算说明
3	一、偿债能力	
4	流动比率	流动资产合计/流动负债合计
5	速动比率	（货币资金+交易性金融资产+应收账款+应收票据）/流动负债合计
6	资产负债率	负债总额/资产总额
7	产权比率	负债总额/所有者权益
8	有形净值债务率	负债总额/（所有者权益-无形资产净值）
9	利息保障倍数	息税前利润/利息支出
10	二、营运能力	
11	存货周转率	营业成本/平均存货余额
12	应收账款周转率	营业收入/平均应收账款余额
13	流动资产周转率	营业收入/平均流动资产总额
14	总资产周转率	营业收入/平均资产总额
15	三、盈利能力	
16	营业利润率	营业利润/营业收入×100%
17	资产净利率	净利润/平均资产总额×100%
18	净资产收益率	净利润/平均净资产×100%

图6-3　财务指标分析模型

◆ 偿债能力指标。

从流动比率、速动比率、资产负债率、产权比率、有形净值债务率等几个指标进行分析。

◆ 营运能力指标。

从存货周转率、应收账款周转率、流动资产周转率、总资产周转率等几个指标进行分析。

◆ 盈利能力指标。

从营业利润率、资产净利率、净资产收益率等几个指标进行分析。

二、财务指标分析应用

（1）打开Excel，根据"财务指标分析模型"工作表，建立"财务指标分析表"工作表，并在相应单元格输入计算公式，如图6-4所示。

	A	B	C
1			财务指标分析表
2	项目	2019年	计算公式数据引用说明
3	一、偿债能力		
4	流动比率	2.04	资产负债表!B11/资产负债表!E9
5	速动比率	0.63	（资产负债表!B5+资产负债表!B6+资产负债表!B7）/资产负债表!E9
6	资产负债率	25.85%	资产负债表!E13/资产负债表!B19
7	产权比率	34.86%	资产负债表!E13/资产负债表!E18
8	有形净值债务率	35.76%	资产负债表!E13/（资产负债表!E18-资产负债表!B15）
9	利息保障倍数	14.31	（利润表!B14+利润表!B9）/利润表!B9
10	二、营运能力		
11	存货周转率	2.93	利润表!B5/（（资产负债表!B9+资产负债表!C9）/2）
12	应收账款周转率	17.84	利润表!B4/（（资产负债表!B7+资产负债表!C7）/2）
13	流动资产周转率	2.98	利润表!B4/（（资产负债表!B11+资产负债表!C11）/2）
14	总资产周转率	1.00	利润表!B4/（（资产负债表!B19+资产负债表!C19）/2）
15	三、盈利能力		
16	营业利润率	20.40%	利润表!B11/利润表!B4*100%
17	资产净利率	13.69%	利润表!B16/（（资产负债表!B19+资产负债表!C19）/2）*100%
18	净资产收益率	18.40%	利润表!B16/（（资产负债表!E18+资产负债表!F18）/2）*100%

图6-4　财务指标分析表

◆ 偿债能力。

在单元格 B4 中输入公式"=资产负债表！B11/资产负债表！E9"。

在单元格 B5 中输入公式"=（资产负债表！B5+资产负债表！B6+资产负债表！B7）/资产负债表！E9"。

在单元格 B6 中输入公式"=资产负债表！E13/资产负债表！B19"。

在单元格 B7 中输入公式"=资产负债表！E13/资产负债表！E18"。

在单元格 B8 中输入公式"=资产负债表！E13/（资产负债表！E18-资产负债表！B15）"。

在单元格 B9 中输入公式"=（利润表！B14+利润表！B9）/利润表！B9"。

◆ 营运能力。

在单元格 B11 中输入公式"=利润表！B5/（（资产负债表！B9+资产负债表！C9）/2）"。

在单元格 B12 中输入公式"=利润表！B4/（（资产负债表！B7+资产负债表！C7）/2）"。

在单元格 B13 中输入公式"=利润表！B4/（（资产负债表！B11+资产负债表！C11）/2）"。

在单元格 B14 中输入公式"=利润表！B4/（（资产负债表！B19+资产负债表！C19）/2）"。

◆ 盈利能力。

在单元格 B16 中输入公式"=利润表！B11/利润表！B4*100%"。

在单元格 B17 中输入公式"=利润表！B16/((资产负债表！B19+资产负债表！C19)/2)*100%"。

在单元格 B18 中输入公式"=利润表！B16/((资产负债表！E18+资产负债表！F18)/2)*100%"。

（2）输入公式后，系统计算出各个指标的数值，结果如图 6-4 所示。

（3）在 Excel 内建立"财务指标对比分析表"工作表，在 C 列相应单元格输入同行业标准指标比率，与本企业的财务指标值进行对照分析，找出差异。通过差异，发现企业存在的问题，进而提出改进措施，做出预测和决策。同时也可以给出一定的结论，如在"评判"列的相应单元格中输入公式"=IF(AND(D4>0,D4<2),"正常","异常")"，给出一定的提示信息，可以为报表使用者提供直观的参考意见，以引起重视。结果如图 6-5 所示。

	A	B	C	D	E
1	财务指标对比分析表				
2	编制单位：金腾集团		2019年度		
3	项目	企业指标	标准指标	差异	评判
4	流动比率	2.04	2.00	0.04	正常
5	速动比率	0.63	1.00	-0.37	异常
6	资产负债率	25.85%	20.00%	5.85%	正常
7	利息保障倍数	14.31	2.46	11.85	异常
8	应收账款周转率	17.84	8.58	9.26	异常
9	营业利润率	20.40%	25.00%	-4.60%	异常
10	资产净利率	13.69%	20.00%	-6.31%	异常
11	净资产收益率	18.40%	15.00%	3.40%	正常

图 6-5　财务指标对比分析表

任务三 Excel 在垂直分析中的应用

一、垂直分析法概述

1. 垂直分析法的含义

垂直分析法又叫比较分析法，它是以财务报表中各类数据为依据，将两期或连续多期的相同指标或比率进行定基对比，得出它们的增减变动方向、变动额和变动幅度，以揭示企业财务状况、经营情况和现金流量变化趋势的一种分析方法。

2. 垂直分析的具体方法

垂直分析是在财务报表比较的基础上发展而来的，它是以财务报表中的某个总体指标为100%，计算出其各项目占该总体指标的百分比，从而比较各个项目百分比的增减变动，以此判断有关财务活动的变化趋势。这种方式能准确地分析企业财务活动的发展趋势。它既可用于同一企业不同时期财务状况的纵向比较，又可用于不同企业之间的横向比较。同时，这种方法还能消除不同时期（不同企业）之间业务规模差异的影响，有利于分析企业的资产结构、资本结构的变动情况与合理性，以及企业的盈利水平。

二、垂直分析法的应用

采用垂直分析法通常要编制比较财务报表。沿用上一节中企业的财务报表数据资料，将常规的财务报表转换为垂直分析报表。

1. 垂直分析资产负债表

第一步：打开"财务数据分析表"工作簿，复制"资产负债表"，并将其命名为"垂直分析资产负债表"。

第二步：添加2018年和2019年资产负债表的相关数据。

第三步：把工作表中"资产总计"作为总体指标，把资产的每个项目与"资产总计"相比，在单元格 C5 中输入公式"= B5/$B$19 * 100%"，并把该公式向下填充复制到单元格 C19，得出资产中每个项目的占比。

第四步：把工作表中"负债和所有者权益总计"作为总体指标，把负债和所有者权益的每个项目与"负债和所有者权益总计"相比,在单元格 J5 中输入公式"=I5/$I$19*100%",并把该公式向下填充复制到单元格 J19,得出负债和所有者权益中每个项目的占比。

第五步:把上述方法应用到 2018 年和 2019 年相应的单元格中,得出相应的数据,如图 6-6 所示。

	A	B	C	D	E	F	G	H	I	J
1					垂直分析资产负债表					
2	编制单位:金腾集团			2019年12月31日					单位:万元	
3	资产	2019	占比	2018	占比	负债和所有者权益	2019	占比	2018	占比
4	流动资产:					流动负债:				
5	货币资金	800	3.39%	700	3.35%	短期借款	2 200	9.32%	1 900	9.09%
6	交易性金融资产	400	1.69%	1 100	5.26%	应付账款	1 000	4.24%	1 000	4.78%
7	应收账款	1 200	5.08%	1 300	6.22%	预收款项	500	2.12%	400	1.91%
8	预付款项	80	0.34%	30	0.14%	其他应付款	110	0.47%	90	0.43%
9	存货	5 200	22.03%	4 000	19.14%	流动负债合计	3 810	16.14%	3 390	16.22%
10	其他流动资产	80	0.34%	60	0.29%	非流动负债:				
11	流动资产合计	7 760	32.88%	7 190	34.40%	长期借款	2 290	9.70%	1 910	9.14%
12	非流动资产:					非流动负债合计	2 290	9.70%	1 910	9.14%
13	持有至到期投资	400	1.69%	400	1.91%	负债合计	6 100	25.85%	5 300	25.36%
14	固定资产	15 000	63.56%	13 000	62.20%	所有者权益:				
15	无形资产	440	1.86%	310	1.48%	实收资本(或股本)	13 000	55.08%	13 000	62.20%
16	非流动资产合计	15 840	67.12%	13 710	65.60%	盈余公积	1 600	6.78%	1 600	7.66%
17						未分配利润	2 900	12.29%	1 000	4.78%
18						所有者权益合计	17 500	74.15%	15 600	74.64%
19	资产总计	23 600	100.00%	20 900	100.00%	负债和所有者权益总计	23 600	100.00%	20 900	100.00%

图 6-6 垂直分析资产负债表

2. 垂直分析利润表

第一步:打开"财务数据分析表"工作簿,复制"利润表",并将其命名为"垂直分析利润表"。

第二步:添加 2018 年和 2019 年利润表的相关数据。

第三步:把工作表中"营业收入"作为总体指标,把利润表的每个项目与"营业收入"相比,在单元格 C5 中输入公式"=B5/$B$4*100%",并把该公式向下填充复制到单元格 C16,得出利润表中每个项目的占比。

垂直分析利润示例

第四步:把上述方法应用到 2018 年和 2019 年相应的单元格中,得出相应的数据,如图 6-7 所示。

垂直分析资产负债表和垂直分析利润表的计算结果可以用于分析该企业的资产、负债、所有者权益及利润的变化趋势,同时也可以用于分析采取何种有效措施改善企业的财务状况和财务成果。

	A	B	C	D	E
1		垂直分析利润表			
2	编制单位:金腾集团	2019年度			单位:万元
3	项目	2019	占比	2018	占比
4	一、营业收入	22 300	100.00%	19 900	100.00%
5	减:营业成本	13 500	60.54%	12 000	60.30%
6	税金及附加	1 300	5.83%	1 380	6.93%
7	销售费用	1 950	8.74%	1 670	8.39%
8	管理费用	1 000	4.48%	800	4.02%
9	财务费用	305	1.37%	205	1.03%
10	加:投资收益	305	1.37%	295	1.48%
11	二、营业利润	4 550	20.40%	4 140	20.80%
12	加:营业外收入	155	0.70%	100	0.50%
13	减:营业外支出	645	2.89%	600	3.02%
14	三、利润总额	4 060	18.21%	3 640	18.29%
15	减:所得税费用	1 015	4.55%	910	4.57%
16	五、净利润	3 045	13.65%	2 730	13.72%

图 6-7　垂直分析利润表

任务四　Excel 在财务综合分析中的应用

一、财务综合分析概述

财务综合分析就是将有关财务指标按其内在联系结合起来，系统、全面、综合地对企业的财务状况和经营成果进行剖析、解释和评价，说明企业整体财务状况和经营成果的优劣。

每个企业的财务指标都有很多，而每个单项财务指标只能说明问题的某一个方面，且不同财务指标之间可能会有一定的矛盾或不协调性。如偿债能力很强的企业，其盈利能力可能会很弱；或偿债能力很强的企业，其营运能力可能比较差。所以，只有将一系列的财务指标有机地联系起来，作为一套完整的体系，相互配合，做出系统的评价，才能对企业经济活动的总体变化规律做出本质的描述，才能对企业的财务状况和经营成果做出总括性的结论。财务综合分析的意义也正在于此。

目前财务综合分析的主要方法有杜邦分析法、沃尔评分法等。最常用的是杜邦分析法。结合实际，本节主要介绍杜邦分析法的运用。

二、杜邦分析法要点

1. 杜邦分析法的含义

杜邦分析法又称杜邦分析体系，是利用各主要财务指标之间的内在联系来综合分析企业财务状况的方法。杜邦分析法是由美国杜邦公司于1910年首先采用的。这种方法主要是利用一些基本财务比率指标之间的内在数量关系，建立一套系列相关的财务指标的综合模型，从投资者对企业要求的最终目标出发，经过层层指标分解，从而能系统地分析了解影响企业最终财务目标实现的各项因素的影响作用。

2. 杜邦分析法的特点

① 杜邦分析法将若干个用以评价企业经营效率和财务状况的比率按其内在联系有机地结合起来，形成一个完整的指标体系，并最终通过净资产收益率来综合反映。

② 杜邦分析法使财务比率分析的层次更清晰、条理更突出，为报表分析者全面仔细地了解企业的经营和盈利状况提供方便。

③ 杜邦分析法有助于企业管理层更加清晰地看到净资产收益率的决定因素，以及销售净利率与总资产周转率、债务比率之间的相互关联关系，给管理层提供了一张明晰的考察公司资产管理效率和是否最大化股东投资回报的路线图。

3. 杜邦财务分析体系图

杜邦财务分析体系的内容可用杜邦财务分析体系图来表示（图6-8）。

图6-8 杜邦财务分析体系图

4. 杜邦财务分析体系主要反映了以下几种主要的财务比率关系

（1）净资产收益率与资产净利率及权益乘数之间的关系

（2）净资产收益率＝资产净利率×权益乘数

（3）权益乘数＝平均总资产/平均净资产＝1/（1－平均资产负债率）

（4）资产净利率与销售净利率及总资产周转率之间的关系

（5）资产净利率＝销售净利率×总资产周转率

（6）销售净利率＝净利润/营业收入

（7）总资产周转率＝营业收入/平均资产总额

杜邦财务分析系统在揭示上述几种关系之后，再将净利润、总资产进行层层分解，这样就可以全面、系统地揭示企业的财务状况及财务系统内部各个因素之间的相互关系。

5. 杜邦财务分析体系图提供了下列主要财务指标关系的信息

① 净资产收益率是一个综合性最强的财务比率，是杜邦财务分析系统的核心。它反映所有者投入资本的获利能力，同时反映企业筹资、投资、资产运营等活动的效率，它的高低取决于资产净利率和权益乘数的水平。决定净资产收益率高低的因素有三个方面：权益乘数、销售净利率和总资产周转率。权益乘数、销售净利率和总资产周转率三个比率分别反映了企业的负债比率、盈利能力比率和资产管理比率。

② 权益乘数主要受资产负债率影响。负债比率越大，权益乘数越高，说明较高的负债程度能给企业带来较多的杠杆利益，同时也会给企业带来较多的风险。

③ 资产净利率是一个综合性的指标，同时受到销售净利率和总资产周转率的影响。资产净利率说明企业资产利用的效果，影响资产净利率的因素有产品价格、单位成本、产量和销量、资金占用量，可以利用该比率来分析经营中存在的问题，提高销售利润率，加速资金周转。

④ 销售净利率反映了企业净利润与销售收入的关系，从这个意义上来看，提高销售净利率是提高企业盈利能力的关键所在。要想提高销售净利率，一是要扩大销售收入；二是要降低成本费用，而降低各项成本费用开支是企业财务管理的一项重要内容。通过各项成本费用开支的列示，有利于企业进行成本费用的结构分析，加强成本控制，以便为寻求降低成本费用的途径提供依据。该指标可以进一步分解为销售毛利率、销售税金率、销售成本率、销售期间费用率等因素。

⑤ 总资产周转率反映资产总额的周转速度，周转越快，销售能力就越强。该指标可以进一步分解为长期资产周转率、流动资产周转率、应收账款周转率等因素。

综上所述，杜邦分析法以净资产收益率为主线，将企业在某一时期的销售成果及资产营运状况全面联系在一起，层层分解，逐步深入，构成一个完整的分析体系。它能较好地帮助管理者发现企业财务和经营管理中存在的问题，能够为改善企业经营管理提供十分有价值的信息,因而得到普遍的认同并在实际工作中得到广泛的应用。

三、杜邦分析法应用

运用杜邦分析法不仅可以了解企业各项财务指标之间的结构关系,还可以查明各项主要财务指标增减变动的影响因素及存在的问题,为财务管理信息使用者了解企业经营状况、提高经营效益提供决策依据。

杜邦分析法计算题例

下面就以前一节中的资料为例,对金腾集团净资产收益率做出分析。

第一步:打开"财务数据分析表"工作簿,建立"杜邦分析表"工作表,在相应的单元格中输入相关财务指标名称,如图6-9所示。

图6-9 杜邦分析表相应指标公式定义

第二步:定义相应指标公式。根据项目定义公式,数据来源于资产负债表和利润表,如图6-9所示。

第三步:公式定义完毕后,得到计算结果如图6-10所示。

图6-10 杜邦分析表相应指标计算结果

思考与练习

一、写出以下指标的公式

1. 短期偿债能力指标

（1）流动比率

（2）速动比率

2. 长期偿债能力指标

（1）资产负债率

（2）产权比率

（3）有形净值债务率

（4）利息保障倍数

3. 营运能力指标

（1）存货周转率

（2）存货周转天数

（3）应收账款周转率

（4）应收账款周转天数

（5）流动资产周转率

（6）总资产周转率

4. 盈利能力指标

（1）销售净利率

（2）销售毛利率

（3）营业利润率

（4）资产净利率

（5）净资产收益率（权益报酬率）

二、案例实践题

Excel 在比率分析中的应用

根据金盛公司 2019 年度的会计报表进行比率分析。"资产负债表"工作表如图 6-11 所示。"利润表"工作表如图 6-12 所示。

资产负债表

	A	B	C	D	E	F
1				资产负债表		
2	编制单位:金盛集团			2019年12月31日		单位：万元
3	资产	期末余额	期初余额	负债和所有者权益	期末余额	期初余额
4	流动资产：			流动负债：		
5	货币资金	850	750	短期借款	2 250	1 950
6	交易性金融资产	450	1 100	应付账款	1 050	1 000
7	应收账款	1 200	1 300	预收款项	500	400
8	预付款项	80	30	其他应付款	110	90
9	存货	5 200	4 000	流动负债合计	3 910	3 440
10	其他流动资产	80	60	非流动负债：		
11	流动资产合计	7 860	7 240	长期借款	2 290	1 910
12	非流动资产：			非流动负债合计	2 290	1 910
13	持有至到期投资	400	400	负债合计	6 200	5 350
14	固定资产	15 000	13 100	所有者权益：		
15	无形资产	540	360	实收资本（或股本）	13 100	13 100
16	非流动资产合计	15 940	13 860	盈余公积	1 600	1 600
17				未分配利润	2 900	1 050
18				所有者权益合计	17 600	15 750
19	资产总计	23 800	21 100	负债和所有者权益总计	23 800	21 100

图 6-11　资产负债表

	A	B	C
1		利润表	
2	编制单位:金盛集团	2019年度	单位：万元
3	项目	期末金额	期初金额
4	一、营业收入	21 300	18 900
5	减：营业成本	13 100	11 900
6	税金及附加	1 100	1 180
7	销售费用	1 850	1 570
8	管理费用	1 000	800
9	财务费用	305	205
10	加：投资收益	345	295
11	二、营业利润	4 290	3 540
12	加：营业外收入	195	100
13	减：营业外支出	645	600
14	三、利润总额	3 840	3 040
15	减：所得税费用	960	760
16	五、净利润	2 880	2 280

图 6-12　利润表

1. 从流动比率、速动比率、资产负债率、产权比率、有形净值债务率等几个指标进行偿债能力分析。

2. 从存货周转率、应收账款周转率、流动资产周转率、总资产周转率等几个指标进行营运能力分析。

3. 从营业利润率、资产净利率、净资产收益率等几个指标进行盈利能力分析。

4. 对金盛公司所有者权益率做出分析。

项目七　Excel 在财务管理预测和分析中的应用

学习目的

理解单变量求解、方案管理器、模拟运算表、规划求解等模拟分析的具体含义，掌握其操作步骤和使用方法，能结合案例运用模拟分析解决实际工作中的问题，提高管理效率。

在 Excel 中使用模拟分析工具，可以在一个或多个公式中使用多种值集浏览各种不同的结果，从而解决财务分析、统计分析、工程分析等方面的问题。Excel 提供三种类型的模拟分析工具：方案管理器、单变量求解和模拟运算表。除了这三种工具外，还可以安装加载项，如规划求解、分析工具库等。

任务一　方案管理器

一、方案管理器概述

方案是一套由 Excel 保存的值，可以在工作表上自动替换。用户可以创建方案并将其保存为不同组的值，以查看不同的结果。

Excel 中的方案管理器能够帮助用户创建和管理方案，一个方案可以具有多个变量，最多可以容纳 32 个值。使用方案管理器，用户能够方便地在不同方案之间进行切换，结果单元格会随之发生变化，通过不同结果的对比分析，选择最佳方案。

二、方案管理器的使用操作步骤

（1）分析需求，建立方案模型。
（2）启动方案管理器，制订并管理方案。
（3）生成方案摘要或方案透视数据表。
（4）根据分析，确定最佳方案。

三、方案管理器案例应用

方案管理器应用题例

金腾集团计划购买一辆商务用车，准备贷款 50 万元左右。有四家银行愿意提供贷款，但这四家银行的贷款额、贷款利率和偿还年限都不一样，贷款条件如图 7-1 所示。

银行＼项目	贷款额度	贷款利率	偿还年限
建设银行	560 000	5.2%	11
招商银行	500 000	4.9%	8
交通银行	540 000	5.1%	16
江苏银行	500 000	4.8%	12

图 7-1　设置不同贷款方案

1. 方案管理器的建立

第一步：根据上述条件，建立方案管理器模型，并在单元格 D9 中输入公式"=PMT（B9/12，B10＊12，B8）"，求出每月还款额，如图 7-2 所示。

	A	B	C	D
1		方案管理器		
2	银行＼项目	贷款额度	贷款利率	偿还年限
3	建设银行	560 000	5.2%	11
4	招商银行	500 000	4.9%	8
5	交通银行	540 000	5.1%	16
6	江苏银行	500 000	4.8%	12
7		方案管理器模型		
8	贷款额度	560 000	所求值	月还款额
9	贷款利率	5.2%		-5 579.74
10	偿还年限	11		

图 7-2　建立方案管理器模型

第二步：在【数据】选项卡上的【预测】组中，单击【模拟分析】按钮，然后选择【方案管理器】选项，打开【方案管理器】对话框，如图 7-3 所示。

图 7-3　方案管理器对话框

第三步：在【方案管理器】对话框中，单击【添加】按钮，打开【添加方案】对话框，输入方案名"建设银行"，选择可变单元格"B8：B10"，勾选【防止更改】，如图 7-4 所示。

图 7-4　添加方案对话框

第四步：单击【确定】按钮，打开【方案变量值】对话框，输入建设银行的相关数据，如图 7-5 所示。

图 7-5　方案变量值对话框

第五步：单击【确定】按钮，回到【方案管理器】对话框。依此类推，可以添加其他几家银行的方案。同时，还可以查看每个方案的结果，如选中【江苏银行】，单击【显示】按钮，表中"方案管理器模型"即显示江苏银行的相关数据，如图 7-6 所示。

图 7-6　方案管理器显示功能查看选中方案数据

第六步：在【方案管理器】对话框中，如果想删除方案，可以选择方案名，单击【删除】按钮。如果想修改方案，可以选择方案名，单击【编辑】按钮，修改的操作步骤与建立的操作步骤相同。

2. 摘要输出

第一步：在【方案管理器】对话框中，单击【摘要】按钮，显示【方案摘要】对话框，如图 7-7 所示。

如果选择【方案摘要】，系统自动建立"方案摘要"工作表。

如果选择【方案数据透视表】，系统自动建立"方案数据透视表"工作表。

图 7-7　方案摘要对话框

第二步：这里，我们选择【方案摘要】，系统自动建立"方案摘要"工作表，如图 7-8 所示。

图 7-8　方案摘要输出

从图 7-8 中可以看到四家银行的贷款数据信息和每月还款金额，企业可以根据实际情况，选择最佳的贷款方案。

任务二　规划求解

一、规划求解概述

（一）规划求解的含义

规划求解是 Excel 加载项程序，可用于模拟分析。简单地说，规划求解是一组命令的组成部分，这些命令有时也被称作假设分析工具。借助规划求解，可求得工作表上某个单元格（被称为目标单元格）中公式（公式可以是单元格中的一系列值单元格引用名称或运算符的组合，可生成新的值）的最优（最大或最小）值。

（二）规划求解相关设置

1. 设置变量单元格

变量单元格又称可变单元格，规划求解通过调整所指定的可变单元格中的值，从目标单元格公式中求得所需的结果。

2. 设置约束条件

约束条件是指在【规划求解参数】对话框中设置的限制条件。可以将约束条件应用于可变单元格、目标单元格或其他与目标单元格直接或间接相关的单元格。约束条件可以引用其他影响目标单元格公式的单元格。

3. 设置目标单元格

目标单元格用于存放计算结果。该单元格中的公式将对直接或间接与之相关联的一组单元格中的数值进行调整。

（三）规划求解加载宏

若要使用规划求解加载项，首先需要在 Excel 中加载它。操作步骤如下：

单击【文件】菜单，选择【选项】，打开【Excel 选项】对话框。单击【加载项】，选择【规划求解加载项】，单击【转到】按钮，在弹出的【加载宏】对话框中勾选【规划求解加载项】，单击【确定】按钮，如图 7-9 所示。

图 7-9　加载规划求解加载项对话框

加载规划求解加载项之后，【数据】选项卡上就增加了【分析】组，【规划求解】命令就出现在【分析】组中。

二、规划求解案例应用

1. 制订最佳生产规划方案

金腾集团生产甲、乙、丙三种产品，净利润分别为 100 元、60 元、40 元；使用的

规划求解
计算题例（1）

规划求解
计算题例（2）

机器工时分别为 3h、4h、5h，手工工时分别为 4h、3h、2h。由于数量和品种受到制约，机器工时最多为 600h，手工工时最多为 300h；甲产品数量最多不能超过 40 件，乙产品至少要生产 15 件，丙产品至少要生产 25 件。试问应该如何安排甲、乙、丙三种产品的生产数量才能获得最大利润。

思路：建立数学模型，设甲、乙、丙三种产品的数量分别为 X_1、X_2 和 X_3；利润为 $F(x)$。

目标函数：

$\max F(x) = 100 * X_1 + 60 * X_2 + 40 * X_3$

约束条件：

$3 * X_1 + 4 * X_2 + 5 * X_3 <= 600$

$4 * X_1 + 3 * X_2 + 2 * X_3 <= 300$

$X_1 <= 40$

$X_2 >= 15$

$X_3 >= 25$

X_1、X_2 和 X_3 均为整数。

操作步骤如下：

第一步：在"模拟分析表"工作簿中建立"规划求解计算模型（生产规划）"工作表，根据案例分析建立相关公式，如图 7-10 所示。

	A	B	C	D
1	规划求解计算模型（生产规划）			
2	变量（产量）	甲产品	X_1	
3		乙产品	X_2	
4		丙产品	X_3	
5	约束条件（工时、产量）	使用机器工数	Gx1	= 3*D2+4*D3+5*D4
6		使用手工工数	Gx2	= 4*D2+3*D3+2*D4
7		甲产品最大生产量	Gx3	=D2
8		乙产品最小生产量	Gx4	=D3
9		丙产品最小生产量	Gx5	=D4
10	目标（利润）	最大利润	F(x)	= 100*D2+60*D3+40*D4

图 7-10 规划求解计算题例（生产规划）

第二步：单击【数据】选项卡下【分析】组中的【规划求解】按钮，打开【规划求解参数】对话框，分别设置目标单元格、可变单元格、约束条件等，如图 7-11 所示。

图 7-11　规划求解参数对话框

第三步：在【遵守约束】中单击【添加】按钮，打开【添加约束】对话框，进行约束条件的设置，如图 7-12 所示。

图 7-12　添加约束对话框

第四步：按照约束条件，进行逐一添加，如图 7-13 所示。

图 7-13　规划求解参数对话框中的遵守约束设置

第五步：全部设置完毕后，单击【求解】按钮，打开【规划求解结果】对话框，如图 7-14 所示。

图 7-14　规划求解结果对话框

第六步：单击【确定】按钮，完成规划求解。计算结果如图 7-15 所示。

	A	B	C	D
1	规划求解计算模型（生产规划）			
2	变量（产量）	甲产品	X_1	40
3		乙产品	X_2	28
4		丙产品	X_3	28
5	约束条件（工时、产量）	使用机器工数	Gx1	372
6		使用手工工数	Gx2	300
7		甲产品最大生产量	Gx3	40
8		乙产品最小生产量	Gx4	28
9		丙产品最小生产量	Gx5	28
10	目标（利润）	最大利润	F(x)	6 800

图 7-15 规划求解计算结果（生产规划）

由规划求解结果可知，$X_1=40$、$X_2=28$、$X_3=28$ 时，可使目标利润值最大，即 $F(x)=6\ 800$。

2. 制订最佳投资方案

金腾集团有一笔闲置资金 1 000 万元，可以用来进行证券投资和购买理财产品。假定证券投资年收益率为 10%，理财产品年收益率为 6%。考虑风险因素，设置证券投资的比例不能大于理财产品的 25%。试问应该如何制订投资计划才能获得最佳收益。

思路：建立数学模型，设证券投资、理财产品分别为 X_1 和 X_2；利润为 $F(x)$。

目标函数：

$maxF(x)=0.1*X_1+0.06*X_2$

约束条件：

$X_1+X_2<=1\ 000$

$X_1<=0.25*X_2$

$X_1>0$，且为整数

$X_2>0$，且为整数。

操作步骤如下：

第一步：在"模拟分析表"工作簿中建立"规划求解计算模型（投资规划）"工作表，根据案例分析建立相关公式，如图 7-16 所示。

	A	B	C	D
1	规划求解计算模型（投资规划）			
2	变量（投资方案）	证券投资	X_1	
3		理财产品	X_2	
4	约束条件（资产配置）	总投资数额	Gx1	=D2+D3
5		证券投资不能大于理财产品的25%	Gx2	=D2-0.25*D3
6	目标（收益）	最大收益	F(x)	=0.1*D2+0.06*D3

图 7-16 规划求解计算题例（投资规划）

第二步：单击【数据】选项卡下【分析】组中的【规划求解】按钮，打开【规划求解参数】对话框，分别设置目标单元格、可变单元格、约束条件等，操作步骤可以参照上一个案例。按照约束条件，进行逐一添加，如图7-17所示。

图7-17 规划求解参数对话框中的遵守约束设置

第三步：全部设置完毕后，单击【求解】按钮，打开【规划求解结果】对话框，单击【确定】按钮，完成规划求解。计算结果如图7-18所示。

	A	B	C	D
1		规划求解计算模型（投资规划）		
2	变量（投资方案）	证券投资	X_1	200
3		理财产品	X_2	800
4	约束条件（资产配置）	总投资数额	Gx1	1 000
5		证券投资不能大于理财产品的25%	Gx2	0
6	目标（收益）	最大收益	F(x)	68

图7-18 规划求解计算结果（投资规划）

由规划求解结果可知，X_1 = 200、X_2 = 800 时，可使目标收益值最大，即 F(x) = 68。

任务三　模拟运算表

模拟运算表是进行预测分析的一种工具，它可以显示Excel工作表中一个或多个数据变量的变化对计算结果的影响，求得某一过程中可能发生的数值变化，同时将这一变化列在表中以便于比较。根据需要观察的数据变量的多少，可以将模拟运算表分为单变量模拟运算表和双变量模拟运算表两种形式。

一、单变量模拟运算表

单变量模拟运算表的输入值纵排成一列（列方向）或横排成一行（行方向）。单变量模拟运算表中使用的公式必须仅引用一个可变单元格。下面以金腾集团为例，介绍单变量模拟运算表的使用方法。

单变量模拟计算题例

【例题1】 金腾集团有一项房地产投资，总成本4 000万元，希望每年的回报率为9%，问需要多少年能收回成本？每个月收回多少？

操作步骤如下：

第一步：分析案例资料，建立"单变量模拟运算表模型"工作表，并在单元格B6中输入公式"=PMT（B1/12，B3*12，-B2）"，如图7-19所示。

	A	B
1	回报率（年）	9%
2	费用	40 000 000
3	年限	10
4	单变量模拟运算表模型	
5	模拟运算表	每月金额（元）
6	收回年限（年）	506 703.10

图7-19 单变量模拟运算题例

第二步：选择单元格A6到B17区域，在【数据】选项卡下的【预测】组中，单击【模拟分析】按钮，然后选择【模拟运算表】选项，打开【模拟运算表】对话框。如果模拟运算表是行方向的，在【输入引用行的单元格】框中输入单元格引用；如果模拟运算表是列方向的，在【输入引用列的单元格】框中输入单元格引用。这里选择列方向，输入"B3"，也就是把年限作为变量，如图7-20所示。

图7-20 模拟运算表对话框

第三步：按【确定】按钮，即完成模拟运算，如图7-21所示。

	A	B
1	回报率（年）	9%
2	费用	40 000 000
3	年限	10
4	单变量模拟运算模型	
5	模拟运算表	每月金额（元）
6	收回年限（年）	506 703.10
7	4	995 401.69
8	5	830 334.21
9	6	721 021.49
10	7	643 563.13
11	8	586 008.13
12	9	541 716.35
13	10	506 703.10
14	11	478 432.16
15	12	455 212.28
16	13	435 872.21
17	14	419 575.00

图 7-21　单变量模拟运算结果

【例题 2】　金腾集团有限公司销售甲产品，单位售价为 15 元，单位变动成本为 11 元，固定成本总额为 9 万元，产销能力为 10 万件。在单价和单位变动成本变化的情况下，计算销售收入、总成本、利润、保本销量和保本销售额。

操作步骤如下：

第一步：分析案例资料，建立数据分析表模型，并在相应单元格中输入公式：在单元格 B5 中输入公式"=B1*B4"，即销售收入=销售量×单价；在单元格 B6 中输入公式"=B2+B1*B3"，即总成本=固定成本+销售量×单位变动成本；在单元格 B7 中输入公式"=B5-B6"，即利润=销售收入-总成本；在单元格 B8 中输入公式"=B2/（B4-B3）"，即保本销量=固定成本/(单价-单位变动成本)；在单元格 B9 中输入公式"=B8*B4"，即保本销售额=保本销量×单价，如图 7-22 所示。

	A	B
1	销售量	100 000
2	固定成本	90 000
3	单位变动成本	11
4	单价	15
5	销售收入	=B1*B4
6	总成本	=B2+B1*B3
7	利润	=B5-B6
8	保本销量	=B2/(B4-B3)
9	保本销售额	=B8*B4

图 7-22　单变量模拟运算题例

第二步：建立"单变量模拟运算表模型"工作表，并定义公式。这里把"单价"作为变量。固定成本、销售收入、总成本、利润、保本销量和保本销售额下方对应的单元格的内容分别等于 B2、B5、B6、B7、B8、B9，如图 7-23 所示。

单位变动成本	单变量模拟运算表模型				单击右侧滚动条可以改变单价		单位:元
	固定成本	销售收入	总成本	利润	保本销量	保本销售额
	90 000	1 500 000	1 190 000	310 000	22 500	337 500
10.0						
10.3						
10.6						
10.9						
11.2						
11.5						
11.8						
12.1						
12.4						
12.7						

图 7-23 建立单变量模拟运算表模型

第三步:"单位变动成本"通过设置滚动条来实现变化。滚动条设置操作如下:

在【开发工具】选项卡下的【控件】组中,选择【插入】控件中的【滚动条】控件。

右击【滚动条】控件,打开【设置控件格式】对话框。在各个框内分别输入相应的数值,在【单元格链接】框内选择单元格"B4",如图 7-24 所示。单击【确定】按钮后退出设置。

图 7-24 设置控件格式对话框

第四步:选择单元格 A13 到 G23 区域,在【数据】选项卡下的【预测】组中,单击【模拟分析】按钮,然后选择【模拟运算表】选项。在【输入引用列的单元格】框中,输入单元格引用"B3",如图 7-25 所示。

图 7-25　模拟运算表对话框

第五步：按【确定】按钮，即完成模拟运算，结果如图 7-26 所示。如果想改变单价的话，可以通过滚动条来实现。

单位变动成本	固定成本	销售收入	总成本	利润	保本销量	保本销售额
	90 000	1 500 000	1 190 000	310 000	22 500	337 500
10.0	90 000	1 500 000	1 090 000	410 000	18 000	270 000
10.3	90 000	1 500 000	1 120 000	380 000	19 149	287 234
10.6	90 000	1 500 000	1 150 000	350 000	20 455	306 818
10.9	90 000	1 500 000	1 180 000	320 000	21 951	329 268
11.2	90 000	1 500 000	1 210 000	290 000	23 684	355 263
11.5	90 000	1 500 000	1 240 000	260 000	25 714	385 714
11.8	90 000	1 500 000	1 270 000	230 000	28 125	421 875
12.1	90 000	1 500 000	1 300 000	200 000	31 034	465 517
12.4	90 000	1 500 000	1 330 000	170 000	34 615	519 231
12.7	90 000	1 500 000	1 360 000	140 000	39 130	586 957

图 7-26　单变量模拟运算结果

二、单变量求解简介

1. 单变量求解概述

单变量求解是根据所提供的目标值，将引用单元格的值不断调整，直至达到所需要求的公式的目标值时，变量的值才确定。

2. 单变量求解的使用操作步骤

（1）分析需求，建立单变量求解模型。

（2）启动单变量求解，确定目标值及相关可变数据。

（3）根据设定条件求解。

三、单变量求解案例应用

【案例 1】　金腾集团计划处置一套商业房产，面积为 600 平方米，希望税费后的净值能达到 2 700 万元，求合同金额应该是多少。假定各项税费等支出如图 7-27 所示。

单变量求解题例

项目	比率（按售价）	金额（万元）
清理费	3.0%	
评估费	1.5%	
中介费	0.5%	
印花税	0.1%	
其他	3.0%	

图 7-27 商业房产处置税费资料

操作步骤如下：

第一步：根据上述条件，建立"单变量求解模型"工作表，并在单元格 C3 到 C7 区域分别输入公式，也就是"＝合同金额 * 相对应的比率"，并在单元格 C9 中输入公式"＝C8-C3-C4-C5-C6-C7"，如图 7-28 所示。

	A	B	C
1	单变量求解模型		
2	项目	比率（按售价）	金额（万元）
3	清理费	3.0%	=C8*B3
4	评估费	1.5%	=C8*B4
5	中介费	0.5%	=C8*B5
6	印花税	0.1%	=C8*B6
7	其他	3.0%	=C8*B7
8	合同金额		
9	税费后净额		=C8-C3-C4-C5-C6-C7

图 7-28 建立单变量求解模型

第二步：在【数据】选项卡下的【预测】组中，单击【模拟分析】按钮，然后选择【单变量求解】选项，打开【单变量求解】对话框。在【目标单元格】框中，输入单元格的引用，这里是"C9"；在【目标值】框中，输入用户希望得到的数额，这里是"2700"；在【可变单元格】框中，输入要调整的值的单元格引用，这里是"C8"，如图 7-29 所示。

图 7-29 单变量求解对话框

第三步：单击【确定】按钮进行求解，系统显示【单变量求解状态】信息提示框，如图 7-30 所示。

图 7-30　单变量求解状态对话框

第四步：单击【确定】按钮，显示求解结果，如图 7-31 所示。

	A	B	C
1		单变量求解模型	
2	项目	比率（按售价）	金额（万元）
3	清理费	3.0%	88.14
4	评估费	1.5%	44.07
5	中介费	0.5%	14.69
6	印花税	0.1%	2.94
7	其他	3.0%	88.14
8	合同金额		2 937.98
9	税费后净额		2 700.00

图 7-31　商业房产单变量求解结果

从求解结果可以看出，在给定的条件下，如果得到税费后净额为 2 700 万元，合同金额应该是 2 937.98 万元。

【案例 2】　金腾集团本月下达的目标利润为 8 000 万元，基础数据如图 7-32 所示。假定其他条件不变，单位变动成本为多少才能达到目标？

	A	B
1	项目	基础数据
2	单价	120万元/吨
3	销售量	1 000吨
4	单位变动成本	85万元/吨
5	固定成本	30 000万元

图 7-32　销售与成本相关资料

操作步骤如下：

第一步：根据上述条件，建立"单变量求解模型"工作表，在单元格 C6 和 C8 中分别输入公式，并在单元格 C9 中输入公式"＝C6−C7−C8"，如图 7-33 所示。

	A	B	C
1	单变量求解模型		
2	项目	基础数据	金额（万元）
3	单价	120	
4	销售量	1 000	
5	单位变动成本	85	
6	销售金额		=B3*B4
7	固定成本		=30000
8	变动成本		=B4*B5
9	目标利润		=C6-C7-C8

图 7-33　建立单变量求解模型

第二步：在【数据】选项卡下的【预测】组中，单击【模拟分析】按钮，然后选择【单变量求解】选项，打开【单变量求解】对话框。在【目标单元格】框中，输入单元格的引用，这里是"C9"；在【目标值】框中，输入用户希望得到的数额，这里是"8000"；在【可变单元格】框中，输入要调整的值的单元格引用，这里是"B5"，如图 7-34 所示。

图 7-34　单变量求解对话框

第三步：单击【确定】按钮进行求解，系统显示【单变量求解状态】信息提示框，如图 7-35 所示。

图 7-35　单变量求解状态对话框

第四步：单击【确定】按钮，显示求解结果，如图 7-36 所示。

项目七　Excel 在财务管理预测和分析中的应用　197

	A	B	C
1	单变量求解模型		
2	项目	基础数据	金额（万元）
3	单价	120	
4	销售量	1 000	
5	单位变动成本	82	
6	销售金额		120 000
7	固定成本		30 000
8	变动成本		82 000
9	目标利润		8 000

图 7-36　目标利润单变量求解结果

从求解结果可以看出，在给定的条件下，如果目标利润为 8 000 万元，则单位变动成本为 82 万元/吨。

思考与练习

一、方案管理器

金腾集团计划购买一辆商务用车，准备贷款 50 万元左右。有四家银行愿意提供贷款，但这四家银行的贷款额、贷款利率和偿还年限都不一样，贷款条件如图 7-37 所示。

	A	B	C	D
1	项目 \ 银行	贷款额度	贷款利率	偿还年限
2	建设银行	580 000	5.5%	12
3	招商银行	500 000	4.9%	9
4	交通银行	550 000	5.3%	16
5	江苏银行	500 000	4.8%	12

图 7-37　不同贷款方案资料

二、单变量求解

1. 金盛集团计划处置一套商业房产，面积为 600 平方米，希望能取得税费后的净值为 2 800 万元，求合同金额应该是多少。假定各项税费等支出如图 7-38 所示。

	A	B	C
1	项目	比率（按售价）	金额
2	清理费	4.0%	
3	评估费	2.0%	
4	中介费	1.0%	
5	印花税	0.1%	
6	其他	7.0%	

图 7-38　商业房产处置税费资料

2. "鸡兔问题"是一道古典数学问题，题为：今有雉、兔同笼，上有三十五头，下有九十四足。问雉、兔各几何？原著的解法为：上署头，下置足。半其足，以头除足，以足除头，即得。请用单变量求解计算。

三、模拟运算表

1. 恒达公司投资一个项目共花费 1 000 万元，请计算在期望每年回报率为 10% 的情况下，需要多少年能收回成本？每个月收回多少？

2. 金腾集团因发展需要贷款 900 万元，请问在年利率为 5% 到 12%、贷款期限为 5 年到 15 年的情况下，需要多少年、多少年利率能还清贷款？每个月还款多少？

四、规划求解

金盛集团生产甲、乙、丙三种产品，净利润分别为 200 元、80 元、60 元；使用的机器工时分别为 3h、4h、5h，手工工时分别为 4h、3h、2h，由于数量和品种受到制约，机器工时最多为 600h，手工工时最多为 300h；甲产品数量最多不能超过 40 件，乙产品至少要生产 18 件，丙产品至少要生产 25 件。试问如何安排甲、乙、丙三种产品的生产数量才能获得最大利润？

参考文献

［1］李慧. Excel 在财务管理中的应用［M］. 2 版. 北京：科学出版社，2014.

［2］张高胜，杨婷，刘春. Excel 在财务中的应用［M］. 吉林：吉林大学出版社，2017.

［3］刘捷萍. Excel 在财务管理中的应用［M］. 2 版. 北京：高等教育出版社，2012.

［4］马元兴. 企业财务管理［M］. 3 版. 北京：高等教育出版社，2017.

［5］姬昂，崔婕，穆乐福. Excel 在会计和财务中的应用［M］. 2 版. 北京：清华大学出版社，2012.

［6］梁润平，宁小博. Excel 在财务管理中的应用［M］. 上海：立信会计出版社，2011.

［7］田翠，吴贺. 财务报表分析［M］. 上海：上海交通大学出版社，2016.

［8］肖美玲，熊辉根，靳咏梅. Excel 在会计工作中的应用［M］. 北京：科学技术文献出版社，2015.

［9］李莉. 财务报表分析［M］. 2 版. 北京：人民邮电出版社，2017.

［10］荆新，王化成，刘俊彦. 财务管理学［M］. 7 版. 北京：中国人民大学出版社，2015.